U0895772

本书得到教育部人文社会科学研究项目《地方性银行关系型信贷“关系”价值度量与扩散路径研究》（编号：11YJC790166）和浙江省哲学社会科学规划项目《小额信贷机制创新与模式推广研究》（编号：10CGYD46YB）的支持

关系型信贷的“关系”研究

——“关系”的度量、应用与扩散

Research on the “Relationship” in Relationship Lending: Measurement, Application and Diffusion of “Relationship”

陶永诚 著

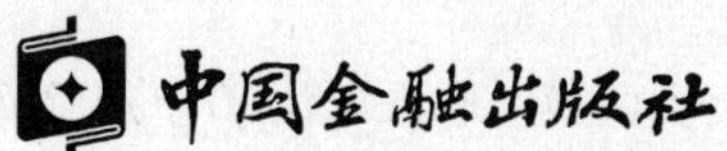

责任编辑：王　君　张　超
责任校对：张志文
责任印制：陈晓川

图书在版编目（CIP）数据

关系型信贷的“关系”研究：“关系”的度量、应用与扩散（Guanxixing Xindai de“Guanxi”Yanjiu：“Guanxi”de Duliang、Yingyong yu Kuosan）/陶永诚著．—北京：中国金融出版社，2014.4
ISBN 978－7－5049－7438－9

Ⅰ．①关…　Ⅱ．①陶…　Ⅲ．①信贷—研究　Ⅳ．①F830.5

中国版本图书馆 CIP 数据核字（2014）第 037772 号

出版发行　中国金融出版社
社址　北京市丰台区益泽路 2 号
市场开发部　（010）63266347，63805472，63439533（传真）
网 上 书 店　http：//www.chinafph.com
　　（010）63286832，63365686（传真）
读者服务部　（010）66070833，62568380
邮编　100071
经销　新华书店
印刷　利兴印刷有限公司
尺寸　169 毫米×239 毫米
印张　10.75
字数　186 千
版次　2014 年 4 月第 1 版
印次　2014 年 4 月第 1 次印刷
定价　29.00 元
ISBN 978－7－5049－7438－9/F.6998
如出现印装错误本社负责调换　联系电话（010）63263947
编辑部邮箱：jiaocaiyibu@126.com

序

金融发展最根本的标志不仅是金融总量的增加，更重要的是金融结构的深化。在由金融机构、金融市场、货币总量、金融资产、融资方式等不同金融要素所构成的金融结构体系中，信贷结构是核心要素之一，信贷结构的深化体现了信贷市场的发展，也成为反映整个金融产业发展水平的重要指标。

货币借贷是人类社会古来有之的经济行为。从原始意义上看，货币借贷都是带有极强的人格性和私密性，借贷行为的发生是基于贷出者对借入者的人格信任，以及一定程度的信用约束自信。现代银行产生后，伴随着现代会计制度的不断健全，银行通过关注借款人的资产实力、财务运行情况、担保资产实力等“非人格信息”就可以完成信贷评价与交易。但是，从货币借贷的需求市场来看，并非所有的借方都能提供具有完整价值的、真实的“非人格信息”。信贷市场除了一部分可以通过公开性的财务数据来完成交易外，还需要一部分以带有秘密性的“人格信息”来实现交易。前者称之为交易型信贷，后者称为关系型信贷。在不同的发展时期，两种信贷在经济社会中的存在方式不同。18 世纪新式银行普及之前，借贷基本上都属于关系型信贷。在现代信贷活动中，银行卖方市场的特征越明显，银行越是愿意选择交易型信贷，而关系型信贷往往被排除到体制外的民间借贷之中；信贷市场的竞争越充分，银行间的竞争越激烈，为扩大信贷覆盖面，各类银行都会选择交易型和关系型两种信贷方式并用，只是比重上有所不同。事实上，面对不同的客户，交易型信贷与关系型信贷分别体现出各自的相对优势。对于立足当地服务于中小经济主体的社区性银行而言，关系型信贷是最优信贷模式选择。

关系型信贷既是传统的信贷模式，也是现代的信贷模式。关系型信贷在世界范围内有极强的生命力和发展前景，在我国尤为突出。一方面，我国的经济结构、人口结构等决定了中小企业、个体经济和农户为主的中小微经济主体是最为庞大的群体；另一方面，我国明显具有以建立在血缘、亲缘、地缘关系上的人际信任为基础的关系型社会特征。因此，关系型信贷将在我国一个很长的历史时期中存在并有广阔的应用空间，研究关系型信贷有很好的理论与现实意义。

长期以来我比较注重从结构视角来研究金融发展，除在宏观上关注货币结构、金融产业结构和资产结构等之外，在微观上也关注金融市场结构，特别是银行的信贷结构，关心中小企业贷款和普惠金融问题。2008 年，我受邀担任浙江台州银行的独立董事，台州银行是一家在国内有很高知名度的优秀小银行，它的许多经营理念和业务模式在国内同类银行中处于领先地位。台州银行独立董事的工作经历，使我有机会第一次比较深入地接触地方性银行，详细了解地方性银行关系型信贷的一些具体做法和成功经验，也对地方性银行的信贷运行机制、风险管理机制等产生了深厚的兴趣。

本书作者陶永诚是浙江金融职业学院的教师，他之前主要在浙江当地做一些实务性较强的研究，主要研究领域是区域金融发展和地方性商业银行经营管理等。他考入中央财经大学师从我攻读博士学位后，我们在博士研究方向的选择上有过多次的交流，最终我们较为一致地选择了关系型信贷这一选题。定题之后他投入了大量时间精力查找梳理相关研究文学，2009 年上半年我安排陶永诚带着几个在校学习的博士和硕士研究生赴浙江台州银行进行为期一周的调研，此后他还接受了浙江省内地方性银行委托进行了相似课题研究。这些理论准备和实地调研，为其博士选题的研究打下了良好的基础。

关系型信贷虽然实践很早，但理论研究却相对滞后。早期的研究文献出现在 20 世纪 60 年代，20 世纪 90 年代后才有较多的研究文献问世。国内外对关系型信贷的相关研究主要集中在对关系型信贷的内涵、功能、成本与收益的一般性分析上，许多地方都有进一步研究的空间。陶永诚将关系型信贷的研究视角确定在"关系"上，破题比较新颖，也很务实。当然，"关系"既是简单的，也是最复杂的。如何做好关系型信贷的"关系"研究这篇文章，需要有一定的知识宽度和理论研究深度。陶永诚自确定选题后，经过三年时间的潜心研究，终于形成了较为系统的研究成果。我认为他的研究成果有以下几点值得肯定：

一是从理论上对关系型信贷的研究搭建了科学的分析框架。"关系"既是经济学范畴，又是社会学范畴，要从交叉学科中把握"关系"的实质有较高的难度。本文以金融中介理论为研究的逻辑起点，以关系型信贷理论为基础理论，采用信息经济学与社会关系学的双维度的研究技术，较好地构建起理论研究的逻辑体系，为关系型信贷的研究奠定了很好的理论基础。

二是揭示了关系型信贷的"关系"本质。他从社会信任结构的演化与社会资本结构的变迁中剖析关系型信贷的"关系"本质，揭示"关系"的本质是信任，外在表现是关系网络，内在价值是社会资本。将"关系"看成是银行与客户及其群体之间开展内部信息交流和形成相互约束力的纽带，具备了社会关系网络和经济关系网络双重作用而产生的信息共享、协调行动与声誉约束功能。

三是解决了“关系”的度量与现实应用问题。他在理论研究的基础上，通过大量的市场调研和实证研究，构建了“关系强度”度量模型，并将度量出来的“关系”应用于银行对客户的信用评价模型建设和贷款定价模型建设，对银行关系型信贷的实际操作有现实应用价值。

四是对“关系”扩散问题进行了有益的探索。由于关系型信贷是以血缘、亲缘、地缘关系上的人际信任为基础，以往大多数关系型信贷具有地区局限性。在新的历史时期下，地方性银行在跨区域发展中如何复制关系型信贷模式，如何在本区域外扩大“关系”覆盖面，以及如何在应对关系竞争中加固关系结构等，都是非常现实的问题。本文对关系型信贷中“关系”扩散的三种路径进行了有效分析，提供了较好的创新发展思路。

尽管陶永诚在关系型信贷的研究中做出了许多有益的尝试，但也有很多问题需要进一步去探索和解决。现在，陶永诚将已有的研究成果整理出版，希望对信贷理论研究和实际工作能起到有益的帮助，也希望引起更多专家学者的关注，更期待有进一步的研究成果面世，共同促进我国信贷市场的健康发展。

李 健
中央财经大学
2014 年 3 月

内 容 摘 要

在我国，以中小企业、个体经济和农户为主的中小微经济主体，无论在数量上还是在吸纳就业人口上，都占据最大的比重。一方面，传统的交易型信贷主要依据公开的财务信息进行当次贷款决策，无法从根本上解决这些中小微经济主体的融资难问题，而关系型信贷依据长期建立起来的银企关系进行连续的贷款决策，具有针对中小微经济主体的融资优势；另一方面，我国具有以建立在血缘、亲缘、地缘关系上的人际信任为基础的关系型社会特征。这两个方面共同决定了关系型信贷有良好的发展基础。

关系型融资理论研究出现于20世纪60年代，并在90年代及21世纪初出现研究热潮，但总体而言，现有的相关研究存在四个方面的不足：一是没有充分地揭示关系型信贷中“关系”的本质与特征，特别缺乏基于我国的社会信任特征与社会关系结构来揭示“关系”本质的相关研究；二是对我国关系型信贷中银企关系的度量不够全面、客观，难以反映出真实的银企之间的复杂关系；三是如何将“关系”应用于银行对客户贷款时的信用评价、定价和风险管理中；四是在我国城市化加速、社会信任关系逐渐变迁，以及地方性银行跨区域扩张的背景下，探讨关系型信贷的“关系”扩散规律，以帮助地方性小银行解决现实难题。

因此，本书针对以上四个方面的不足，以关系型信贷的“关系”为立足点，从经济学和社会学的交叉学科角度，以金融中介理论为研究起点，以关系型信贷理论为基础，以信息经济学和社会关系学理论为技术维度，围绕“关系”是什么、“关系”怎么测算、“关系”是否在信贷决策中有用、“关系”怎么扩散（移植）等问题，开展关系型信贷的“关系”研究。本书的研究从交叉学科角度发展关系型信贷理论，为更合理地度量“关系”提供新的视角和方法，部分地发展信用评价、贷款定价和贷款风险管理等理论，并从理论上探索关系型信贷的发展趋势；同时，本书立足社会调研来度量“关系”，有利于更全面地分析关系型信贷中“关系”的本质与价值，揭示关系型信贷的特点与运行特征，为银行利用社会资本，把握和增进“关系”强度，利用“关系”开展客户信用评价、贷款定价和风险管理，以及解决跨区域发展的“关系”移植与扩散问题等提供决策参考，也为跨银行间关系型信贷的范式复制和模式推广提供帮助。

除第1章“导论”和第7章“主要结论与政策建议”外，本书共有四个部分、五章内容。第一部分为第2—3章，分别从信息经济学和社会关系学两个技术维度来分析关系型信贷的形成与发展，分析关系型信贷的特点与运行机制，揭示关系型信贷中“关系”的内涵、本质与价值；第二部分为第4章，测算关系强度并进行检验；第三部分为第5章，从信用评价、贷款定价与贷款风险管理三个方面来分析“关系”的应用价值；第四部分为第6章，立足社会发展与信任结构变迁、地方性银行跨区域扩张的背景，分析“关系”的扩散路径。

本书的研究主要形成以下结论：

1. 关系型信贷是信贷的基本模式之一，是解决信贷市场信息不对称问题和降低交易成本的有效渠道。通过关系型信贷，银行充分利用社会资本，实现内部信息产出和对借款企业的监督与约束，提高风险管理能力。在当前我国经济社会的二元结构下，发展关系型信贷可以提高中小企业、微型企业、个体经营者和农户的信贷满足度，促进企业的成长和区域经济的稳定平衡发展。因此，应大力促进关系型信贷的发展。

2. 银企关系是银行与企业在其所处的社会经济关系网络中逐渐形成的，“关系”外在体现为网络结构，内生社会资本，即“关系”是在关系网络中所形成的社会资本。我国企业所处的社会关系网络由以“熟人社区”为核心的社会关系网络和以市场为核心的经济关系网络共同形成的，其社会资本以非正式框架为主体、正式框架为补充。因此，企业的社会资本产出更需要“关系”去发现和挖掘。另外，关系具有互惠性、稀缺性和扩散性的特征，银企之间建立良好的关系，可以形成信息租金、跨期优化租金和声誉租金等关系租金和合约收益，也会产生预算软约束和锁定成本问题。对于银行而言，构建合理的“关系”模式，可以降低关系成本，获得更多稳定、长期的关系收益。

3. “关系”在一定范围内是可以进行度量的，度量“关系”的指标很多，有长度指标、距离指标、规模指标和深度指标等，而将上述指标进行整合来构建综合性指标，更能反映现实中复杂的银企关系，所测算出来的关系强度更能反映现实中银企关系的紧密程度。同时，实证研究进一步证明本书的关系强度测算的有效性。

4. 在关系型信贷中，“关系”对贷款定价产生重大影响。本书认为，关系强度和企业信用等级是决定企业贷款定价的两大因素，且银行对企业信用等级的评价与银行“关系”水平密切关联。因此，企业与银行建立良好的关系，可以让企业更顺利地获得更优惠条件的贷款。

5. 银行可以主动通过模式选择与构建来促进银企关系的扩散，实现关系型信贷的可持续发展。社会经济的发展使得社会关系网络结构与经济关系网络都发生变迁，地方性银行要主动适应这一变化，通过构建企业团体、发展中介层模式和建设贷款中心三种模式，来扩大关系型信贷的规模与边界，应对关系竞争，加固关系结构，实现跨区域扩张。

本书在研究中作出的主要贡献有：

1. 从经济学和社会学的交叉学科角度来分析关系型信贷的“关系”。从经济学角度分析了关系型信贷的产生、发展与信贷市场结构演进，分析了关系型信贷的特征与运行机制；从社会学角度分析了社会信任结构的演化与社会资本结构的变迁。将两个学科统一到对关系型信贷的“关系”研究上，以此探讨银企关系的本质与特征，认为“关系”的本质是信任，外在表现是关系网络，内在价值是社会资本。

2. 构建综合性的关系强度度量模型，并对关系强度进行测算。已有文献对关系强度的度量大多采用单指标度量法，采用关系长度、关系距离、关系规模、关系深度等指标。本书将关系长度、关系规模与关系深度的6个指标统一构建“关系强度”综合虚拟指标，来对“关系”进行度量，并进行了有效性检验。

3. 建立基于市场调查基础上的适合于地方性银行实际需要的客户信用评价模型。采用专家意见法和层次分析法相结合的方法来构建模型，既能更充分地反映银行一线信贷经营与管理人员对社会资本的利用，同时更能体现对“关系”的重视，将“关系”因素融入到企业信用评价中。

4. 建立关系型信贷的贷款定价模型。用“关系强度”变量与“企业信用等级”变量来构建贷款定价模型，具有一定的独创性，能更充分地反映关系型信贷中银企关系在贷款定价中的价值，既符合理论逻辑，同时又具有很好的可操作性。

5. 提出关系型信贷“关系”扩散的三种路径。在社会经济关系网络结构及社会资本结构变迁，以及地方性银行跨区域经营的背景下，提出三种“关系”扩散路径，分别是构建企业团体、发展中介层模式和建设贷款中心。既为银行扩大关系型信贷和应对关系竞争、加固关系结构提供工作思路，也为银行跨区域扩张下迅速构建关系型信贷体系提供策略参考，对银行实际工作而言，具有较好的应用层面上的创新。

Abstract

As far as financial system is concerned, it is "bank – oriented" in China, thus the bank credit has a large proportion of the social financial capital, and transactional lending and relationship lending simultaneous exist in the credit market system. Specifically, transactional credit strategy is made singly and separately, depending on the public financial information. In contrast, the relationship lending is continuous behavior, based on the long-term relationship between banks and enterprises. In the current financial situation, the large banks always take advantage of the transactional lending, while the medium and small banks, especially the regional banks are inclined to the relationship lending. As for China, this country has a sound development foundation for relationship lending commensurate with its particular conditions: including its economical structure consisting of SMEs, individual economy and peasant household, and its social characteristic relying on the consanguinity, affinity and geopolitics.

The research on the theory of relationship lending originated in the 1960s, and this study boomed in 1990s and at the beginning of the 21 century. However, there were four limitation of the research: Firstly, the study does not reveal the underlying essence and the attributes of "Relationship", particularly under Chinese social trust basis and social structure relationship frame. Secondly, the current study lacks the comprehensive and objective perspectives to reflect the truly complex interaction between the banks and firms. Thirdly, scholars neglect the problem how to apply the "Relationship" theory to the Chinese bank credit rating, pricing, and risk management. Fourthly, under the accelerating urbanization, the transition of the social trust relationship, and the trans-regional expansion of banks, the regular patterns to help these banks find a way out of the dilemma are still being looked for.

Thus, this dissertation tries to commit itself to compensate the lack of present research. Concretely, this research concentrates on the "Relationship" as the foothold from the interdisciplinary insight of the economics and sociology, then it begins with the theory of Financial Intermediation and carries forward with the theory of the Relationship Lending; furthermore, it also contains Information Economics and Public Relation theories as the manifold view. The main content focuses on the "Relationship", which refers to the definition, the measurement, the function, the transition pattern.

This essay is composed of four sections with seven chapters except the introduction and conclusion. The first section involves chapter two and three, which describe the formation and development in view of Information Economics and Public Relation theories respectively, and then analyze the characteristics and operational mechanics of the relationship lending to disclose the connotation, essence and value. The second section is chapter four relating to the measurement and test of relation intensity. The third section is chapter five discussing the application value for credit rating, loan pricing, and risk management. The fourth section is chapter six referring to the extended route under the accelerating urbanization, the transition of the social trust relationship, and the trans-regional expansion of local banks.

This dissertation draws following conclusions: ①The relationship lending is the elementary model, which is the effective pattern to solve the information asymmetry and reduce the transaction cost. The banks could use their social capital to full advantage through this kind of lending, as to achieve the internal economical output and bank supervision for the borrowing venture within the effectual risk management. The relationship lending needs to highly develop since it could satisfy the lending desire of SMEs, micro-sized companies, individual economy and peasant households, which is conducive to the firm growth and regional development under the two-dimensional social frame. ② The relationship between the banks and corporations is formed in the surrounding social economical networks; it implies that "Relationship" is the social capital from the relation networks. In china, the enterprises are both involved in acquaintance society and market economical networks, accordingly, their main part of social capital is informal, and the official framework is complementary. Hence, the social capital of corporations has to search for more and more "Relationship" . Because "Relationship" is reciprocal, scarce and exclusive, the intimate connection between banks and corporations brings about information rents, intertemporally optimized rents and reputation rents, undoubtedly it will incur the budget soft restraint and cost control. In another way, the rational

"Relationship" model enable banks to reduce the relationship cost, thereby they has the motivation to acquire stable and long-term profits. ③ "Relationship" can be measured to some extent using indicators, such as length, distance, scale and depth. Certainly the comprehensive index will reflect the intricate reality and the relation intensity accompanied by the valid empirical study. ④The "Relationship" influences the loan pricing significantly in the relationship lending. This essay deems the intension and credit rating as the two important factors when pricing, hence the good relationship between the banks and firms could lead to more favorable loan for the enterprises. ⑤Banks has the priority to select and construct the model to boost the relationship expansion and sustainable development. Unavoidable the transition in the social networks and economical relationship push the regional banks have to adapt themselves to these radical changes. In short, they have to build "enterprise organization model", "agency group model" and "loan or capital center model" thoroughly, for the sake of increasing scale and frontier for relationship lending, when suffering the competition and regional expansion.

Main contributions of the dissertation are summarized as follows: ①The research of relationship lending has the character of interdiscipline of economics and sociology. The emergence, development and transition are exhibited from the perspective of economics including the characteristics and operational mechanism. The evolution of social trust and social capital structure are demonstrated by the sociology, because the origination of "Relationship" could trace back to these two subjects, applying for the study of essence between banks and firms. The results show logically trust is the intrinsic quality of "Relationship"; the external of "Relationship" is networks, while the internal is social capital. ②The comprehensive relation intensity measurement model is presented and calculated, which is distinguished from the single target meterage, such as length, distance, scale and depth. A weighted comprehension targets are designed as a suppositional independent variable "relationship intensity" from six related indicators, with the purpose of the measurement with valid test. ③It provides a credit rating model for regional banks based on the market survey, and expert advice and AHP methods are emphasized as well to build modeling. Because these practical data display the front-line staff how to utilize the social capital, and the importance of the "Relationship" . ④The comprehensive relation intensity measurement model is creativity and originality, which adequately discloses the value of relationship lending between banks and enterprises by the relation intensity and firm credit rating variables. This model is congenial with common sense and is a easily operable system. ⑤There are three ways to expand “Relationship” under the transition of social networks and social capital: enterprise organization model, agency group model and loan or capital center model. These three models attempt to provide reference to the bank credit systems and the innovation on the application level when banks suffer the competition and the trans-regional expansion.

目　录

1 导　论

本章对选题的背景与意义、研究思路与研究方法、本书结构安排等进行概括性介绍，对相关理论研究成果进行综述，并界定本书的研究对象，分析本书可能存在的创新点和有待进一步研究的问题。

1.1　选题的背景与意义

1.1.1　选题的背景

（一）现实背景

本书研究的关系型信贷是相对于交易型信贷而言的一种贷款模式。理论界对关系型融资的研究起步较晚，它是在金融中介理论的基础上，于20世纪90年代才引起经济学家的广泛关注。当前，关系型融资仍是金融理论研究的前沿问题，而关系型信贷是关系型融资的最重要组成部分。

我国是“银行主导型”的金融体系，银行信贷在社会资金融通总结构中占有最大的比重。一方面，在社会经济结构中，中小微企业在企业群体中占有绝对的数量。如我国第二次经济普查数据①显示：截至2008年底，我国共有中小企业法人单位494.2万家，占全部企业法人单位的比重为99.6%；吸纳从业人员17 749.4万人，占全部企业法人单位从业人员的比重达到81.1%。同时，从银行角度来看，银行信贷客户中除大中型企业外，小企业、微型企业、个体经营者和农户在数量上占多数。若把上述这些经济主体统称为小微经济主体，

① 资料来源：《中国经济普查年鉴（2008）》，北京，中国统计出版社，2010。

则银行在信贷业务中要面对千千万万的小微经济主体。另一方面，在银行信贷市场细分中，全国性大银行和地方性小银行的市场定位是有所不同的。虽然大银行也服务于一些小微经济主体，但在大银行的业务比重中，大中型企业占据了主要地位。而地方性银行面向本区域内的企业、个人，主要服务于当地的小微经济主体。因此，信贷市场可以分割为两个子市场：一是依据当次信息进行信贷决策的交易型信贷；二是通过建立起来的长期的银企关系①，银行从“关系”中内生出企业的私有信息，并通过私有信息进行信贷决策的关系型信贷。一般而言，大银行具有交易型信贷优势，而地方性小银行具有关系型信贷优势。

相比交易型信贷，银行在面对小微经济主体的信贷决策中，关系型信贷具有克服信息不对称所带来的逆向选择、道德风险等弊端的优势。在关系型信贷中，银行通过主动发挥信息创造功能，较全面地了解客户的财务信息和非财务信息，掌握客户的实际经营能力和信贷清偿能力，建立起激励相容的信贷合约，并能通过非正式制度安排来约束客户的违约行为。另外，我国是关系型社会，信任关系的主体特征是人际信任，是建立在血缘、亲缘、地缘关系上的信任，社会信任度相对较低。因此，我国有关系型信贷的文化基础。

推进中小企业发展和促进新农村建设是当前我国经济建设的两大热点话题和难题，发展关系型信贷，提高中小企业、个体经济和农户等的贷款需求满足度，是推进中小企业发展和促进新农村建设的重要保障。同时，国内一些地方性商业银行充分利用当地资源，通过构建起形式多样的银企关系，发展关系型信贷，较好地解决了银企双方信息不对称难题，实现了银行与当地中小经济主体之间共赢发展，但缺乏足够的理论支撑，难以实现模式复制与跨区域移植。

由此可见：我国经济结构与社会关系结构共同决定了关系型信贷发展的重要性与紧迫性，如何全面地认识关系型信贷的本质，探索关系型信贷的一般规律，更好地发展关系型信贷，是我国社会经济发展的现实需求。

（二）理论研究背景

国外在 20 世纪 60 年代后出现对关系型融资的相关研究，90 年代及 21 世纪初曾出现关系型融资研究的热潮，我国也从 21 世纪初期以来出现较多的研究成果，但国内外对关系型信贷的相关研究主要停留在对关系型信贷的内涵、

---

① 银企关系是指银行与其客户的关系，也即本书所说的“关系”，银行的客户主要是企业，除此之外还包括事业单位、个体经营户、农户和城镇普通家庭、个人等，为简单起见，本书将银行客户的关系统称为银企关系。

功能、成本与收益的一般性分析，也有一些文献对关系型信贷的“关系”进行度量，但这些度量大都选取“关系持续时间”、“银企空间距离”、“融资银行家数”等比较容易获得数据的简单变量进行分析，难以反映出真实的银企之间的复杂关系。特别是国内的研究极少涉及对关系型信贷的“关系”度量，以及“关系”对信贷客户信用评价、贷款定价、风险管理等产生的影响及其实证检验等问题。

总体而言，当前我国关系型信贷理论研究存在四个方面的缺乏或不足：一是没有充分地揭示关系型信贷中“关系”的本质与特征，特别缺乏的是基于我国的社会信任特征与社会关系结构来揭示“关系”本质的相关研究；二是对我国关系型信贷中银企关系的度量不够全面、客观，难以反映出真实的银企之间的复杂关系；三是如何将“关系”应用于银行对客户贷款时的信用评价、定价和风险管理中；四是在城市化加速的背景下，社会信任关系逐渐发生变化，部分动摇了关系型信贷的以血缘、亲缘和地缘为纽带的传统的关系基础，关系型信贷的“关系”发生变迁，但对“关系”的变迁方向及路径没有进行很好的探索。另外，地方性银行的规模扩大以及跨区域扩张，其在本地小区域内建立起的有效的关系型信贷模式，却在新的区域内出现“水土不服”，在理论上如何探讨关系型信贷的“关系”扩散规律，以帮助地方性小银行解决现实难题，也是关系型信贷理论研究的任务之一。

1.1.2 选题的意义

本书在已有的关系型信贷理论研究的基础上，从经济学和社会学的跨学科交叉角度来探讨关系型信贷的发展规律。大量调研我国的社会特征及地方性银行的先进做法，探索关系型信贷中“关系”的一般性范畴并进行一般性度量，通过研究“关系”与信贷中客户信用评价、贷款定价、贷款风险管理等的关系，最终衡量“关系”在信贷管理中的价值。在此基础上，以城镇化为背景，探索关系型信贷的“关系”扩散规律。因此，本书研究的价值主要有两个方面。

（一）理论价值

本书试图搭建关系型信贷的理论分析框架，主要体现在：

1. 从经济学和社会学的交叉学科角度，以信息经济学和社会关系学理论为支撑，分析关系型信贷“关系”的形成与发展规律、“关系”的内涵与特点，分析关系型信贷的“关系”本质和价值，为关系型信贷构建更坚实的理论基础。

2. 以关系型信贷的“关系”为立足点，建立全新的“关系”度量方式，为更合理地度量“关系”提供新的视角和方法。

3. 研究“关系”在企业信用评价、贷款定价和贷款风险管理中的应用价值，部分地发展关系型信贷理论和信用评价、贷款定价和贷款风险管理等理论。

4. 研究地方性银行在跨区域扩张背景下关系型信贷的“关系”扩散规律与扩散路径，从理论上探索关系型信贷的发展趋势。

（二）实际应用价值

本书以“关系”为研究对象，立足调研来度量“关系”，并将“关系”运用到实际贷款工作中，主要体现在：

1. 全面分析关系型信贷中“关系”的本质与价值，分析企业的社会资本特征；充分吸收关系型信贷经验，揭示关系型信贷一般性运行规律，提炼形成较全面的关系型信贷运行特征，为银行充分利用社会资本建立起形式多样的银企关系，发展关系型信贷提供参考。

2. 结合实践调研来度量关系型信贷的“关系”强度，为银行把握和增进“关系”强度提供决策思路，并为银行如何运用“关系”来开展客户信用评价、贷款定价和信贷风险管理等提供决策参考，同时也为跨银行间关系型信贷的范式复制和模式推广提供帮助。

3. 为地方性银行在实现跨区域发展中如何解决关系型信贷的“关系”移植与“关系”扩散的难题提供指导，有利于地方性银行的可持续发展。

4. 促进关系型信贷的发展，提高中小企业、个体经济、农户等信贷市场上的相对弱势群体的贷款需求满足度，推进中小企业发展和促进城乡一体化建设。

1.2 研究对象与研究方法

1.2.1 研究对象

（一）研究对象

本书的研究对象是银企之间所形成的“关系”。“关系”是指银行与贷款客户及其群体之间，在业务交往中逐渐建立起来的，开展信息交流和形成相互约束力的纽带。“关系”以信任为基础，外在表现为社会经济关系网络结构、内在体现为社会资本，或者说，“关系”是在关系网络中所形成的社会资本。

“关系”不只是银行与贷款企业之间，而且是银行与贷款企业及其群体（关系网络）之间的纽带。它包含了银行与贷款企业之间的关系，贷款企业与其所在网络中成员之间的关系，以及银行与企业所在网络（成员）之间的关系。另外需要说明的是，在本书的许多地方，为了突出研究对象，常将关系二字加上引号，目的是表示强调之意，其指向、内涵等与未加引号的关系二字相同。

（二）相关概念界定

1. 银企关系

本书所研究的银企关系，是指银行与其客户之间的关系。银行的贷款客户有各类企业、个体经营者、农户等，为方便起见，本书将银行与所有客户的关系统称为“银企关系”，将银行的客户统称为“企业”。实际上，关系型信贷中银行的客户主要是小企业、微型企业、个体经营者和农户等。因此，在没有特别说明的情况下，企业就是上述这些经济主体的统称。另外，从规模大小不同的角度来称呼企业，有“大企业”、“大中企业”、“中小企业”、“中小微企业”、“小微企业”、“微小企业”、“微型企业”等，这些称呼在不同的文献中被采用。实际上，在很多时候用上述称呼都是一个笼统的概念，没有进行严格意义上的规模等级划分。本书将使用“大中企业”、“中小企业”、“中小微企业”、“小微企业”等提法，将前者与后三者进行简单地划分，前者是指财务健全、能提供良好的贷款抵质押物品（本书将这种贷款担保状态称为“担保充分”，相反则称之“担保不充分”）的企业，银行主要依据其公开信息提供交易型信贷；后三者不作严格区分，都是指财务信息不健全、担保不充分的企业，银行主要依据其非公开信息（内部信息）提供关系型信贷。

2. 地方性银行

本书立足地方性银行来研究关系型信贷，有必要界定地方性银行的范畴。地方性银行主要是与全国性银行相对应，是指其业务活动局限于某个区域或某些区域，主要为区域内的经济主体提供融资服务的银行业机构。为方便起见，本书将城市商业银行、农村商业银行、农村合作银行与信用社、村镇银行、农村资金互助社等纳入地方性银行之列。

在很多的相关研究中，将银行业机构划分为大银行与小银行两大类。本书同样也不对大银行、小银行的规模进行严格区分，而是简单地将大银行与全国性银行等同，小银行与地方性银行等同。

关系型信贷不是小银行专属业务，大银行也要根据客户特征开展关系型信贷，如大银行针对微小经济主体开展的一些微贷业务。但许多的国内外文献都得出相似的结论：大银行具有交易型信贷优势，小银行具有关系型信贷优势。为方便分析，本书将关系型信贷的提供者局限于地方性银行。一是因为地方性银行立足本地开展业务，是关系型信贷的最基本市场；二是认为通过对地方性银行关系型信贷的研究，探索其信贷规律，同样也适用于其他银行的关系型信贷。

3. 关系型信贷与交易型信贷

这是一组相对应的概念，本书简单地将信贷分为关系型信贷和交易型信贷两类。其中，关系型信贷是指银行通过与客户进行长期多种渠道的交往，积累了大量的客户及其业主相关的软信息，并主要依据这些软信息及历史交易信息而发放的贷款。“软信息”是一个较为宽泛的概念，包含了一切不能用确定的财务数据或指标（硬信息）来表示的信息，具有非正式、模糊、推断等特征。交易型信贷是指银行依据客观的评价指标，通过对客户的公开性的财务指标进行评价而发放的，仅适合于当次决策的贷款。

银企关系有很多表现形式，本书认为，关系型信贷与交易型信贷的核心区别在于银企关系表现形式的不同。交易型信贷的银企关系是显性的，仅仅体现在业务交往中，其信息是公开的，贷款交易是一次性的，每次的贷款定价都是基于当次对企业财务信息、担保信息等公开信息的评价而确定的。而关系型信贷的银企关系是隐性的，体现在长期的人员与业务交往中，信息是连续的和私密的，每次的贷款定价都是基于银行对累积内部信息的评价而确定的。

4. 社会资本

本书认为，社会资本是指在信任基础上所形成的社会资源，或者说是指在社会关系网络中所形成的信任资源。社会资本由区域社会文化、区域社会关系网络和经济关系网络所构成，区域社会与经济关系网络中各成员彼此间频繁的交流、接触和互动产生了信任，这种信任生成了声望和制约关系，从而能够使网络成员对稀缺资源进行配置。因此，社会资本的产生以信任为基础，关系网络是社会资本的外在表现，信息共享、协调行动与声誉约束是社会资本的内在功能。

这里需要特别说明的是，本书的社会资本与马克思的社会再生产理论中的社会资本是两个截然不同的概念。马克思所考察的社会资本是立足于社会生产平衡思想，与单个资本或个别资本相对应，是指社会中互相交错、互为前提、互为条件的所有单个资本或个别资本的总和。因此，马克思分析社会资本实质上是研究资本积累与再生产问题，而本书研究的社会资本的实质是社会自发形成的信任关系资源。

1.2.2 研究方法

本书所研究的“关系”既是经济学问题，又是社会学问题；既需要在跨学科背景下进行理论推导，又需要进行大量的调研和数据分析来检验和说明规律。因此，本书采用多种方法进行交叉研究，基本方法有如下三种。

1. 理论分析。以信息经济学和社会关系学的理论分析方法为基础，采用系统工程的方法建立银行关系型信贷与社会信任形式及社会资本之间的关系。通过比较分析、归纳与演绎相结合的方式，研究关系型信贷的一般运行原理与规律，提炼关系型信贷的运行特点，分析关系型信贷中“关系”的内涵、本质与价值，分析地方性银行的跨区域扩张模式，以及关系型信贷的“关系”演化规律和扩散规律。

2. 调查分析。采用实地调查与问卷调查相结合的方法，以专家意见法来分析关系型信贷企业信用评价指标，以层次分析法来研究信用评价模型的构建。另外，采用社会调查方法，对我国地方性银行所面临的社会关系，以及地方性银行的信贷模式与信贷运行方法进行大量的调研，通过分析，掌握我国关系型信贷的一般性运行机制。

3. 实证分析。首先，本书用因子分析综合评价方法来测算关系强度。其次，采用相关分析方法与回归分析方法，在相关性检验的基础上，通过建立关系强度和贷款满足率的线性回归模型，用以定量分析关系强度对贷款满足率的影响大小。最后，建立企业贷款利率、信用等级和关系强度之间的线性回归模型，测量信用等级和关系强度指标对贷款利率的实际影响大小。

1.3 相关文献综述

根据本书的研究对象与研究内容，将围绕关系型信贷，以金融中介理论为基础，从社会学、信息经济学等多角度来综述已有的研究成果。

1.3.1 金融中介与关系型信贷优势的研究

为什么会存在金融中介，信息经济学和交易成本经济学都对此作出回应，金融中介理论的研究以信息经济学和交易成本经济学为分析工具。金融中介理论真正形成于20世纪60年代，早期的理论认为金融中介的存在是因为交易成本和信息不对称，Gurley 和 Shaw（1960）认为，金融中介利用了借贷中规模经济的好处，以远低于大多数个人贷款者的单位成本进行初级证券投资和管理；Benston George（1976）认为存在交易成本、信息成本和不可分割性等摩擦的市场，是金融中介产生并存在的理由。随着金融中介理论的发展，人们认识到金融中介的存在将增强金融风险管理能力。Diamond 和 Dybvig（1983）提出 D—D 模型，从流动性转换功能角度证明了存款类金融中介机构存在的理由；Leland 和 Pyle（1997）① 等人证明，金融中介有信息生产功能，且具有控制事后道德风险的能力。

金融中介既然具有信息生产功能，那么银行就应该在信贷市场中具有创造"私人信息"的优势，而这些"私人信息"在一定程度上可以降低银企双方信息不对称的弊端。另外，金融中介具有风险分析功能，具有信用增级功能，能降低投资者的参与成本并扩展金融服务（Bert Scholtens & Dich van Wensveen，2000）。因此，金融中介理论是本书研究的理论起点，也就是说，金融中介（本书特指银行业机构）具有"关系"创造和"关系"管理的功能。

1.3.2　从社会学角度对关系型信贷的"关系"内涵与功能的研究

从社会信任及社会资本角度来分析关系和关系型信贷，是关系型信贷的另一种分析视角。卢曼（1979）将信任分成人际信任和制度信任，前者以人与人交往过程中建立的情感关联为基础，后者以社会的规范制度、法律规范制约为基础。福山（Fukuyama，1995）认为信任是一种普遍的文化特性，是人们从一个规矩、诚实、合作、互惠行为所组成的社群中，从社群内分享的规范和价值观中产生的合理预期。王飞雪和山岸俊男（1999）在比较了中国、日本、美国的情况后，认为中国是一个低信任社会，其根源在于强固的相互依恋关系起着支配性作用。

在经济学家的视角中，信任被看成是减少交易成本的理性人行为。阿罗（Arrow，1974）认为，信任就是经济交换的润滑剂，是控制契约最有效的机制。另外一些经济学家则把信任和风险联系在一起，认为信任是理性行动者在内心经过收益计算的风险的子集，即计算性信任。而在管理学的视角中，信任被看成所预期的合作即组织信任的根本（鲍威尔，1990）。叶建亮（2002）将信用定义为如何保证个体在交往中恪守承诺并且相信他人恪守承诺。白春阳（2009）指出信任是一种多层次、多维度的社会心理现象，是对复杂社会现象

① 引自林琳：《金融中介发展、利率市场化与县域资本配置效率》，载《上海金融》，2011（7）。

的一种抽象概括。在人际交往中，信任作为一种交往态度，也作为一种价值心理，更是一种文化模式，同时还作为一种社会资本。

信任产生社会资本。Lyda Hanifan（1916）主要从社会学角度首次提出并界定了社会资本，强调社会资本是个人和家庭构成的关系，而这种关系具有获取资源、满足需求的特征。最先将社会资本引入到经济学分析中的是 Loury（1977），他将社会资本定义为促进或帮助获得市场中有价值的技能或特点的人之间自然产生的社会关系。对社会资本的研究，大多支持社会关系网络所产出的社会资本对关系网络的稳定和整体经济利益的获取产生积极作用。

1.3.3 从信息经济学角度对关系型信贷及关系内涵与功能的研究

对关系型信贷中银企关系的关注和研究可追溯至 20 世纪 60 年代初的 Hodgman（1961、1963），他对银行关系价值进行研究，强调银企关系对货币政策作用机制的影响。在此基础上，Kane 和 Malkiel（1965）的研究显示，稳定的存款关系能降低可贷资金的波动性，进而增加银行贷款组合的单位风险回报。Macneil（1975）也认为关系型信贷存在基于交换关系（Exchange Relations）的契约，契约型交换存在着两种交易特征即关系型（Relational）和交易性（Transactional），他认为这种关系型契约嵌入了私人关系，在长时间的持续过程中，事前比较难确定的计划，可以通过交换关系（Exehangerelations）来界定关系结构并约束契约履行。当交换关系中在这些方面表现出较强的关系性时，关系型契约就会形成。而关系型契约作为关系型信贷研究的最初形式，为关系型信贷研究的出现做了准备。

以什么表现形式来构建关系型信贷？在早期对关系型信贷的研究中，常见的是以企业与银行建立贷款协议为“关系”，研究其对企业股价的影响或检验关系的价值（如 James，1987；Slovin et. al，1988；Lummer & MeConnell，1989 等）。此后，人们更多地立足于隐性关系来研究关系型信贷，其中以研究区域银行（或称社区银行、地方性银行）与中小企业之间的长期关系对贷款市场的影响居多（如 Petersen & Rajan，1994；Berger & Udell，1995 等）。

对于关系型信贷的内涵界定其实也并未形成一致的意见：Allen（1992）等学者认为关系型信贷是“银行和企业通过长期的信贷交易，银行可以了解企业的私有信息和真实动态，根据这些信息决定是否发放贷款给企业以及发放贷款的金额。”Berlin 和 Mester（1998）认为关系型信贷是“一种银企之间的协议，银行通过协议，充分了解中小企业的各种信息，从而建立稳固的信贷关系，这将会达成双赢，中小企业得到所需要的资金，银行业降低了其信贷风险。"Ralf Elsas（2002）将关系型信贷定义为："企业和特定的银行之间的长期合作，每次银行都会根据前几期和当期企业的经营发展实况，同时核对上一期企业提供给银行的抵押、担保品以及是否能按时还贷等这些必要的信息，来决定这期的信贷政策。"Berger 和 Udell（2002）认为，关系型借贷指银行的贷款决策主要基于通过长期和多种渠道的接触所积累的关于借款企业及其业主的相关信息进行。通过分析学者对关系型信贷的定义我们可以发现，关系型信贷存在着银行和企业间的长期信贷关系信息（Berger & Udell，2002），因此要实现关系型信贷必须具备：（1）除了公共信息之外，融资机构倾向于了解企业的不公开的私有信息；（2）通过长期的银行和企业的合作来获得额外的有效信息；（3）一般人很难获得这些信息（Boot，2000）。贺海虹（2000）提出，关系型融资是适应小企业的特殊情况出现的，关系型融资绝不等同于人情贷款，它是建立在双方彼此了解和相互信任的基础上，给予老客户的优惠。尽管理论界对于关系型信贷的内涵界定还没有达到统一，但一般而言都包含以下几个方面的内容：（1）关系是长期交往的结果；（2）关系是指银行获得除公开信息之外的"私人信息"；（3）"私人信息"具有专属性或保密性；（4）关系具有互惠性，能增进信贷双方的互信（Peterson & Rajan，1994；Ongena & Smith，1998；Berger，1999；Boot，2000；青木昌彦，2001；等等）。

在形式上，青木昌彦等（1997）认为关系型融资包括三种形式：日本主银行对关系企业的融资、美国银行对资金短缺的中小企业的融资，风险资本家对创新企业提供的融资。崔向阳（2007）将关系型融资概括为五种形式：持有股权的关系银行借贷、不持有股权的关系银行借贷、合作金融、民间金融、风险投资。在功能上，关系型信贷具有提高信息对称度（Bhattacharyya & Chiesa，1995），提高中小企业等信息透明度低的相对弱势经济主体的贷款可获得性（Sharpe，1990；Berger & Udell，1995），以及有助于实现贷款条件的跨期优化（Petersen & Rajan，1995）等。

一些文献还研究了关系型信贷与银行组织结构的关系，许多的研究结果支持小银行或社区银行在发放关系型信贷上存在比较优势，而大银行在发放交易型信贷上具有比较优势，由此产生"小银行优势"（Small Bank Advantage）的假说。如 Berger 和 Udell（1995）、Levonian 和 Soller（1995）发现小银行比起大银行更加倾向于向中小企业提供贷款。Berger（1998）根据 1993 年美国中小企业的调查数据，发现在大银行合并后，中小企业的贷款可获得性降低；而小银行之间的合并则会提高中小企业的贷款可获得性。

Boot 和 Thskor（2000）认为，一国中小企业在数量、创造社会财富、解决就业、促进经济增长等方面都占主体地位，那么该国一定更加适宜普遍采取关系型融资制度。

1.3.4 关系型信贷的收益与成本的研究

国外针对关系型信贷的成本与收益问题的一般性理论研究相对较多，但国内外针对我国地方银行的信贷环境，在调研基础上所作的关系型信贷成本与收益研究文献却较少。关系型信贷的一般性成本主要有：（1）信息成本与监督成本。信息生产是有成本的，但信息生产的边际成本明显递减。在长期关系中，信息成本可以得到跨期分担，从而能起到降低成本的作用。同时，长期关系有利于降低监督成本（Mcconnell，1989；Berger & Udell，1995；Peterson & Rajan，1994、1995）。（2）软预算约束问题。关系型信贷由于建立长期的关系，其信贷合约具有灵活性。在借款人财务恶化的情况下，由于长期关系的存在，一方面银行被动地延长合约期限，另一方面银行也会主动跨期管理来延续合约，都有可能增加信贷损失的可能性（Bolton & Scharfstein，1996）。（3）关系锁定问题。由于私人信息具有保密性，就可能形成信息垄断，产生贷款利率偏高的结果，进而出现降低关系型信贷的吸引力等问题（Rajan，1992；Schmeits，1997）。

关系型信贷的一般性收益主要有：（1）激励双方信息交流，有利于银行获得更全面的信息，一定程度上可解决信息扭曲问题（Yosha，1995）。（2）规模经济、范围经济和信誉效应，信息生产具有规模经济，银行可以通过借款人的业务关系、社会关系等扩大关系型信贷规模，成本递减效应明显；同时，银行可利用信息优势提供更多的金融服务，实现范围经济；另外，长期关系存在信誉效应，可降低监督成本（Mcconnell，1989；Berger & Udell，1995；Peterson & Rajan，1994）。（3）有利于实现信贷合约的跨期平滑，建立更稳定的信贷关系（Peterson & Rajan，1995；Degryse & Van Cayseele，2000）。（4）宣告效应。长期的信贷关系可以形成对借款人的宣告效应，有利于借款人更好地对外开展业务（Best & Zhang，1993）。

1.3.5 关系型信贷的关系强度衡量与应用的研究

首先是关系强度指标的选择与度量的相关研究。已有相关文献在选择关系强度指标时，主要采用关系长度（银行与企业的合作时间）的指标，如Peterson和Rajan（1994）选取1987年，平均关系长度为10.8年的3 404个企业来度量关系强度；也有部分研究采用关系规模、关系距离或关系深度等指标来衡量关系强度，如 Degryse 和 Ongena（2003）采用关系距离指标、Barth（1997）采用关系规模指标。

其次是关系强度对贷款影响的实证分析，常用关系强度对企业贷款的可获得性之间的实证分析，或关系强度对企业贷款利率之间的实证分析，来说明关系对贷款的影响情况。总体来说，虽然关系距离被一些文献证明对贷款的影响有限或不受影响（如 Degryse & Ongena，2003），但实证分析在总体上支持了关系长度、关系深度与企业贷款之间的正向关系，而关系规模与企业贷款之间存在反向关系，即银企关系持续时间越长，或银行与企业之间发生越多的业务服务，则企业越有可能从银行获得贷款，且贷款条件也会改善；企业与多家银行存在关系会对其贷款可获得性产生负面影响。如 Peterson 和 Rajan（1994）采用了基于逆向选择和道德风险的关系银行模型，得出关系长度与银行掌握的信息成正比，与贷款利率成反比。Boot 和 Thakor（1994）认为随着关系长度增大，则贷款条件会降低。Berger 和 Udell（1995）、Elsas 和 Krahnen（1998）等也得出相似的结果，证明关系长度成为对银企关系强度比较有解释力的重要指标。但也有部分实证研究没有支持关系长度的正向作用，如 Blackwell 和 Winters（1997）在分析美国两家银行控股公司后认为，关系长度没有改善企业贷款可获得性，也没有影响贷款利率。Deryse 和 VanCayseele（1998）发现银企关系长度不能持续增长，原因是关系时间越长，贷款条件反而恶化；或者是关系在建立初期对贷款可获得性具有正向作用，但随着关系长度的增加，其作用不断衰落或不起作用。Cole 等（2004）得出关系规模与企业贷款呈负相关，其中大银行的决策具有统计上显著性，而小银行决策在统计上不显著，其解释是银行一般愿意成为企业独占性的金融服务提供者，即关系规模与企业的贷款可获得性负相关。

国内对关系型信贷的研究大多立足于理论借鉴与逻辑推导，对关系强度的研究较少，个别如曹敏等（2003）从企业“年龄”与“合作关系”两个角度来度量广东外资企业与银行的关系强度；毕明强（2004）设计了一种基于贡献度分析的贷款定价方法，以贡献度来测算关系强度。另外，曹敏、何佳、潘启良（2003）和周好文、李辉（2004），以及崔向阳（2007）等对关系价值进行了检测，如崔向阳（2007）通过检验认为关系融资的经济价值主要体现在：增加了资金可得性，降低了贷款利率；小企业能得到关系融资的最大好处，小银行具有关系融资的比较优势。

综合上述的分析，可以看出：我国对关系型信贷的研究文献较国外的要少，特别是缺乏针对我国社会信任基础和社会关系来深入分析我国关系型信贷内在规律与“关系”本质、价值等的研究；同时，已有研究大多基于关系长度、关系规模、关系距离或关系深度等其中一个指标来度量关系强度，并以此研究关系强度与贷款可获得性或贷款利率之间的相关性，鲜见将衡量关系的长度、规模、距离、深度等变量结合起来形成反映银企之间关系强度综合指标，再来测算关系强度对贷款的影响，并以此分析关系对贷款的应用；另外，如何适应当前地方性银行跨区域发展等形势的变化，来探讨关系型信贷的发展规律，也是现有文献所缺乏的，而这些正是本书力图解决的问题。

1.4 研究逻辑与结构安排

1.4.1 理论基础与研究逻辑

1. 理论基础

本书研究的逻辑起点是金融中介理论，基础理论是关系型信贷理论，研究的技术维度是信息经济学与社会关系学。

金融中介理论认为，金融中介的存在可以降低交易成本，产生信息优势，并能有效地进行风险管理。因此，金融中介能形成“私人信息”，并能通过“私人信息”选择企业，进行贷款定价和风险管理。也就是说，金融中介具有关系融资的先天优势，这就是关系型信贷理论的逻辑起点。关系型信贷是现代信贷的一种模式，本书以信贷理论中的关系型信贷理论为基础，立足于对关系型信贷理论的贷款分析、贷款定价和贷款风险管理的研究。

同时，本书的研究对象是“关系”，它既是社会学范畴，又是经济学范畴。因此，本书将社会关系学的社会关系网络分析方法与信息经济学的信息不对称理论分析方法相结合，将两种分析技术应用到对关系型信贷的“关系”分析之中。

2. 研究逻辑

本书研究的基本逻辑是：采用理论推导与社会调研、实证分析相结合的方法，在理顺理论关系与逻辑主线的基础上，对国内典型的地方性商业银行及其所在的社会关系环境进行全面调研，分析区域社会资本，掌握银企关系的关键变量，度量关系型信贷的“关系”强度，以此分析“关系”价值，并进一步研究地方性银行跨区域扩张背景下的“关系”扩散问题。

因此，本书的基本研究逻辑如图 1－1 所示：

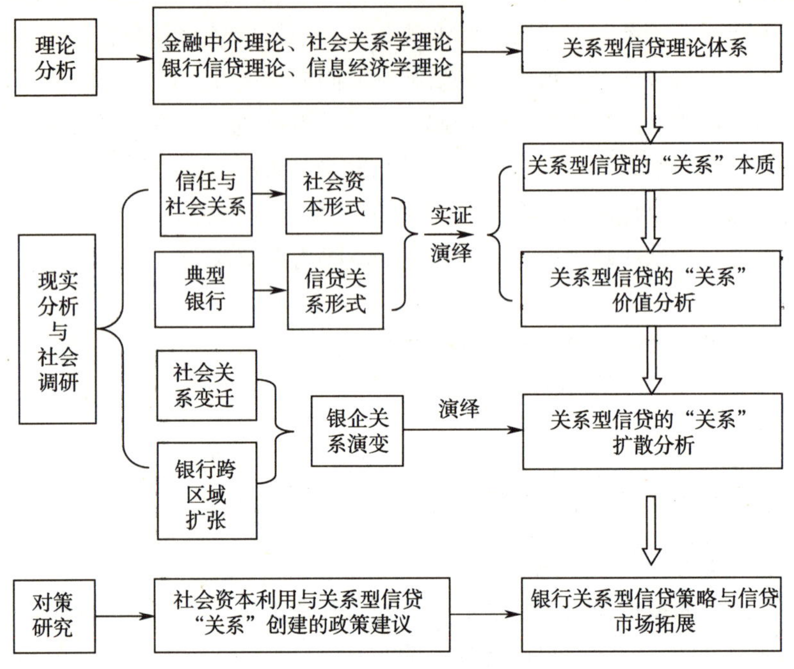

图 1-1　本书研究逻辑示意图

1.4.2　本书结构安排

本书的研究主要是针对关系型信贷的四个现实问题而展开的，这四个问题分别是：(1)“关系”是什么?(2)“关系”怎么测算?(3)“关系”有用吗?(4)“关系”怎么扩散（移植)?围绕这四个问题，本书形成了七个章节的内容结构，除第1章导论外，共分为四个部分：

第一部分为第2~3章，分别从信息经济学和社会关系学两个视角分析信贷市场结构，以及关系型信贷的形成与发展，揭示关系型信贷的“关系”的内涵、本质与价值；

第二部分为第4章，测算关系强度并进行检验；

第三部分为第5章，从信用评价、贷款定价与贷款风险管理三个方面来分析“关系”的应用价值；

第四部分为第6章，立足社会发展与信任结构变迁、地方性银行跨区域扩张的背景，分析“关系”的扩散路径。

最后，本书在第7章对全书进行总结与对策研究。

下面对本书的每一章进行简单的介绍：

第1章：导论，是本书的引入与总体介绍部分，分析了本书写作的背景与研究意义，研究对象与研究方法，总体框架结构与内容，并对已有文献进行综述，对本书的创新部分进行概括。

第2章：信贷深化、企业成长与关系型信贷。基于信息经济学的技术维度，从信息不对称理论出发，分别从信贷市场的供给与需求两个角度，以信贷深化与信贷市场结构优化、企业成长历程与资金需求变化为主线，来探讨关系型信贷市场的形成与发展，并分析关系型信贷的特点与运行机制。

第3章：关系型信贷的"关系"：内涵、本质与价值。基于社会关系学的技术维度，探讨关系型信贷最为核心的纽带——"关系"，分析关系内涵与特征，银企关系的建立与发展，"关系"的本质，以及"关系"的价值。关系具有互惠性、稀缺性和扩散性的特征，体现了社会关系网络与经济关系网络的互动。"关系"外在体现为关系网络结构、内在价值为社会资本，或者说，"关系"是在关系网络中所形成的社会资本。另外，本章还对"关系"对银企双方产生的收益与成本进行了分析。

第4章：关系型信贷的"关系"度量。在解析了关系强度指标，以及对比分析了一般性的度量方法后，本书以关系长度、关系规模和关系深度的三类6个指标进行构建，形成综合性的"关系强度"虚拟变量，并采用因子分析综合评价方法来测算出关系强度（$F = 0.4711 \times F1 + 0.3679 \times F2 + 0.1610 \times F3$）。同时，采用回归模型，以企业的贷款可获得性程度（贷款满足率指标）来检验关系强度，结果显示关系强度是有效的，它对企业贷款可获得性的影响符合统计原理和理论逻辑。

第5章：关系型信贷的"关系"应用。目的是将已度量的"关系强度"运用到银行对企业的信用评价、贷款定价和贷款风险管理之中。首先，在分析企业信用结构中得出：关系强度和企业信用等级共同反映企业信用总量，而企业信用等级由"品质"、"财务"和"担保"等两大类非关系性因素和5个关系性因素共同构成。本书通过层次分析法构建企业信用评价模型。其次，将测算出的企业信用等级用于银行对企业的贷款定价上，通过回归分析，说明"关系强度"和"企业信用等级"对贷款利率的影响程度，为企业贷款定价提供参考方法。最后，本书探讨银行如何将关系用于贷款风险管理之中，认为银行可通过构建关系激励机制与关系约束机制，来实现对关系的良好利用。

第6章：关系型信贷的"关系"扩散分析。基于社会发展背景下社会经济关系网络结构及社会资本结构的不断变迁，以及地方性银行跨区域经营，有必要分析“关系”模式如何扩散问题。本书从不完备市场治理的三种方法入手，提出三种“关系”扩散路径，分别是构建企业团体、建设中介层模式和建设贷款中心。三种模式的提出，既为银行扩大关系型信贷和应对关系竞争、加固关系结构提供工作思路，也为银行跨区域扩张下迅速构建关系型信贷体系提供策略。

第7章：主要结论与政策建议，归纳总结本书的研究结论，并提出在社会关系结构变迁和银行现代化进程中银行发展关系型信贷的相关政策建议，主要有：(1) 立足社区，充分利用社会资本来构建长期稳定的银企关系；(2) 充分利用“关系”的作用，积极支持企业及其所在的团体、区域或社区的社会资本产出；(3) 创新关系型信贷技术，提高关系型信贷的科学性；(4) 适应形势发展，主动探索关系扩散路径；(5) 大力促进地方性银行的发展，为地方经济社会发展提供良好支撑。

1.5 本书创新点及有待进一步研究的问题

1.5.1 创新点

1. 从经济学和社会学的交叉学科角度来分析关系型信贷的“关系”。从经济学角度分析了关系型信贷的产生、发展与信贷市场结构演进，分析了关系型信贷的特点与运行机制；从社会学角度分析了社会信任结构的演化与社会资本结构的变迁。将两个学科统一到对关系型信贷的“关系”研究上，以此探讨银企关系的本质与特征，认为“关系”的本质是信任，外在表现是关系网络，内在价值是社会资本。

2. 构建综合性的关系强度度量模型，并对关系强度进行测算。已有文献对关系强度的度量大多采用单指标度量法，采用关系长度、或关系距离、或关系规模、或关系深度指标。本书将关系长度、关系规模与关系深度的6个指标统一构建成“关系强度”综合虚拟指标，来对“关系”进行度量，并进行了有效性检验。

3. 建立基于市场调查基础上的适合于地方性银行实际需要的客户信用评价模型。采用专家意见法和层次分析法相结合的方法来构建模型，既能更充分反映银行一线信贷经营与管理人员对社会资本的利用，同时更能体现对“关系”的重视，将“关系”因素融入到企业信用评价中。

4. 建立关系型信贷的贷款定价模型。用“关系强度”变量与“企业信用等级”变量来构建贷款定价模型，具有一定的独创性，能更充分反映关系型信贷中银企关系在贷款定价中的价值，既符合理论逻辑，同时又具有很好的可操作性。

5. 提出关系型信贷“关系”扩散的三种路径。在社会经济关系网络结构及社会资本结构变迁，以及地方性银行跨区域经营的背景下，提出三种“关系”扩散路径，分别是构建企业团体、发展中介层模式和建设贷款中心。既为银行扩大关系型信贷和应对关系竞争、加固关系结构提供工作思路，也为银行跨区域扩张下迅速构建关系型信贷体系提供策略参考，对银行实际工作而言，具有较好的应用层面上的创新。

1.5.2 有待进一步研究的问题

受本人能力与本书篇幅所限，书中还存在诸多有待改进和完善之处，需要在后续的研究中进一步探讨。

在理论研究方面，本书试图立足经济学与社会学的交叉学科来揭示银企关系的本质。从实际效果来看，总体上实现了分别从信息经济学和社会关系学的两个维度来分析关系型信贷的形成与发展，分析银企关系的内涵、本质与价值等，但还没有实现两个维度的特别高效的交叉融合，逻辑性还有待进一步提高。需要在后面的研究中进一步理顺理论关系，形成更为科学的理论分析体系。另外，在关系扩散的理论分析中，虽然以不完备契约理论为基础，引出关系扩散的三个路径，但总体来说理论的支持性还不够强，对关系扩散中的关系网络结构变迁的内在规律还没有进行很好的剖析。

在实证分析方面。一方面，由于关系的内涵极为丰富，决定或影响关系强度的变量非常多。本书基于调查数据的可获得性，以 6 个变量来构建关系强度综合指标，但无法检测所构建的综合指标与银企关系实际强度之间的一致性问题。另一方面，本书基于对浙江省区域经济社会结构特征及地方性银行发展规律的调研与分析，来进行逻辑推导与实证分析，是否具有普适性还有待进一步分析和论证。

2

信贷深化、企业成长与关系型信贷

内容摘要中指出，本书研究的逻辑起点是金融中介理论，基础理论是关系型信贷理论，研究的技术维度是信息经济学与社会关系学。本章首先基于信息经济学的技术维度，以信息不对称理论出发，从信贷市场发展所带来的资金供给结构优化、企业成长所带来的资金需求变化两个角度，来探讨关系型信贷市场的形成、发展，并分析关系型信贷的特点与运行机制。

2.1 信贷深化：从市场供给角度探讨关系型信贷的形成与发展

2.1.1 信贷深化促进了信贷市场结构的优化

（一）信贷市场的发展与信贷深化

信贷是人类社会传统的经济行为。从广义上看，货币产生后所出现的货币借贷都可看成是信贷；狭义上将银行业机构对其他经济主体的货币贷出行为称为信贷。早期人类所发生的货币借贷是分散的，是熟人交往中的自发行为。货币借贷的发生是双方长期交往与合作的结果，主要是基于贷出者对借入者的人格信任。同样，在银行业机构产生后，早期的银行业机构的贷款主要是非生产性的，是高利贷信用，早期银行业机构在筛选客户时也基于对借入者的人格信任，借贷双方建立的是一种特殊的、带有极强的人格性和私密性的信用关系。

资本主义社会化生产的形成与发展需要大量集中社会货币资源，新式银行随之产生。新式银行将分散的小规模的私人资本转化为进入社会化生产的社会资本①，充分保证了资本主义生产方式发展的资金需要。当时以商业票据为载体的融资成为银行业机构的重要信贷模式，亚当·斯密（1776）②在《国富论》中指出：谨慎的银行业务要求对贴现（贷款）加以限制，银行在分配资金时应着重考虑保持高度的流动性，使得银行只针对“真实债权人与真实债务人之间的真实交易票据发放贷款，只要该票据到期，它就可以得到债务人的偿付”。商业票据融资降低了银行对借款人的人格关注，促进了信贷关系从最初的借贷双方特殊信任关系向一般信任关系转变。银行更多是关注借款人的资产实力、财务运行情况和担保资产实力等。

同时，信贷市场的长期卖方市场特征也保障了银行更多地选择与资产实力强、财务状况良好和担保充足的借款人建立信贷关系，因为这样更有利于银行迅速地选择客户并降低经营成本。但是，这种信贷市场体系是不完整的，存在较严重的信贷配给问题。除一些实力雄厚的社会经济主体获得银行信贷外，还有很多的中小型、微型经济主体却得不到银行的信贷支持，只能通过自发的民间借贷来实现融资。因此，整个社会形成二元信贷市场。

二元信贷市场结构处于不断发展之中，这是因为：一是现代社会的发展，形成众多的中小型生产性经济主体，这些经济主体有自己的经济业务，有较好的现金流，基本能保证资本投入的安全与稳步增值；二是银行业的发展与业务竞争，促使银行不断地扩大信贷业务边界，寻找新的客户资源。因此，原先只能通过民间借贷获得资金的经济主体逐渐被银行所发现并提供信贷融资。同时，在一些中小型经济主体和微型经济主体相对较为发达的地区，产生专门服务于它们的银行，这些银行与当地这些经济主体建立长期关系，形成人格信任。银行的信贷市场不断扩大，信贷融资功能不断深化。

（二）信贷深化是信贷融资功能的拓展

金融深化（Financial Deepening）实质上是金融功能的发展，本书借用金融深化的概念，从功能视角来分析信贷市场的发展。

博迪、莫顿（2000）指出，金融的最基本功能是资源配置。信贷作为金融的核心内容，其基本功能是融资与资源配置（黄达，2003）。自从人类社会进入货币经济时代后，人们的生活及经济活动都离不开货币，势必出现货币余缺及调剂问题，从而形成货币融通需求，这是信贷功能的自发萌生。同时，信

① 此处的“社会资本”属于政治经济学范畴，与私人资本相对应，与本书其他地方基于社会关系学范畴的“社会资本”不同，两者的区别详见1.2.1“研究对象”中的“相关概念界定”。

② 亚当·斯密：《国富论》，文熙译，武汉，武汉大学出版社，2010。

贷本身又是稀缺资源，一般来说，经济越不发达，则信贷资源的稀缺性越高；在一国经济发展的过程中，信贷扮演着一个极为重要的角色，信贷市场作为金融市场的重要组成部分，与资本市场、货币市场共同对实体经济的发展起着关键性作用。

金融深化是政府减少对金融市场和金融体系的干预，放松对利率、汇率等的管制，取消信贷配给制，推进金融自由化。可见，金融深化中包含着信贷深化的内容。信贷深化是金融深化的核心组成部分，其含义主要包括减少对信贷投向的政策干预，提高信贷决策、利率定价与风险管理的自由度。信贷市场干预与管制的减少和自由化程度的提升，势必产生更多的金融机构，为更多的社会经济主体提供更为丰富的信贷服务；信贷供给结构更为完善，信贷融资功能得以拓展。

因此，信贷深化主要表现为以下三个方面：

一是信贷机构的多元化。信贷机构是信贷市场供给主体，信贷深化的结果是信贷机构的多元化，既有大银行、小银行等规模不同的信贷机构，也有存款类银行业机构和非存款类信贷公司等不同类型的信贷机构，还有不同市场定位的信贷机构。

二是信贷模式的多样化，包括信贷机构对客户的评价模式的不同、对客户贷款定价模式的不同，以及贷款风险管理模式的不同。如一些中小银行定位于服务区域中小微经济主体，与这些经济主体构建长期稳定的信贷关系，通过这种关系来评价客户、约束客户的经济行为，这就是关系型信贷。

三是信贷覆盖面更宽泛。从信贷机构取得贷款是每一个经济主体所拥有的经济权利之一，信贷深化将促使不同经济主体，特别是在传统信贷市场中处于弱势的中小微经济主体的信贷满足度得到提高，有利于促使信贷公平。

2.1.2　关系型信贷的发展是信贷市场非对称信息管理的必然结果

（一）信息不对称与信贷配给的产生

信贷机构以什么样的标准来选择贷款客户？一般而言，信贷机构会从以下两个方面来综合考虑：一是不对称信息的获取与掌控能力，二是交易成本的控制问题。当信贷机构能通过一定的模式选择与机制设计来获取客户的核心信息，并能实现对道德风险和逆向选择的控制；同时，信贷机构对其所采用的模式或机制能实现良好的成本控制，则信贷机构就会选择向客户提供贷款。

一直以来，传统的经济学研究的重要假设前提一是理性经济人，二是完全信息，在此基础上延伸发展而来的信贷理论也是建立在完全理性、信息完备和交易成本为零的基础之上。但由于存在信息不对称和交易成本，人天生就具有机会主义倾向，即自利的个体会利用信息不对称进行信息不完整的透露或者歪曲的透露，以求利益最大化。对于信贷提供方而言，为了减少机会主义行为引发道德风险和逆向选择，它们以严厉但能有效规避风险的标准来选择客户，并淘汰许多客户，形成信贷配给。20 世纪 60 年代，以霍奇曼（D. R. Hodgman）、杰斐（Jaffee）等为代表的经济学家开始尝试解释在不存在制度约束的情况下信贷配给的成因，其中霍奇曼最早用违约风险解释信贷配给（Hodgman，1960）。在此基础上斯蒂格利茨（Stiglitz）等证明了信息不对称情况下因为存在着逆向选择和道德风险，信贷配给将长期存在。一般认为越是不发达的经济体中，信贷配给现象越为严重。对于不同经济主体而言，其信贷配给程度差别巨大，小规模的经济主体承受更为严重的信贷配给。一些研究进一步揭示，增加信贷供给对改善信贷配给状态的效果并不显著（Williamson，1987）。

（二）关系型信贷较好地克服信息不对称和交易成本问题，促进了信贷市场深化

一般情况下，信贷双方的信息不可能是完全对称的。如果客户能充分证明自身业务经营正常且盈利良好，并能为贷款提供充足的担保，那它就能获得金融机构的信贷。也就是说，客户需要具备健全、良好的财务和充足的担保。因此，财务评价和担保评价就成了传统信贷评价标准的基本内容。一方面，财务反映业务经营的大部分信息，金融机构对客户财务进行评价的成本要远远低于对客户经营活动的直接评价，但财务评价要以健全的财务记录为基础。另一方面，担保既是对信贷回收结果的保障，也是对借款者事先机会主义和事后机会主义的防范和制约。Williamson（1987）指出，抵押或者第三方规制能限制机会主义行为。

但在一个完整的经济体中，存在大量的中小企业、个体经营者和农户等经济主体，这些经济主体可能无法提供完整的财务报表，可能无法提供良好的抵质押物作为贷款担保；而且这些经济主体具有规模小、量多、分散的特点，信贷的交易成本大。银行要满足这些经济主体的贷款需求，就必须采用更有效的信贷模式，来克服信息不对称和交易成本问题，关系型信贷于是得以广泛发展。银行通过与借款人建立长期的合作关系，并通过这种关系来掌握借款人的内部信息，并实现对借款人的违约惩罚。另外，银行与区域内经济主体的信贷关系的普遍建立，有利于形成交叉信息产出和履约约束，有效地降低交易成本。

针对银行而言，不同的经济主体在信息管理中应采用不同的方式，由此产

生不同的信贷模式。Berlin 和 Mester（1998）按信贷方式将银行信贷划分为交易型贷款（Transactional Lending）和关系型贷款（Relationship Lending），认为交易型贷款一般为一次性交易；而关系型贷款则是银企之间保持长期密切联系，形成长期隐性合作，其主要形式为额度贷款和承诺贷款。Berger 和 Udell（2002）则进一步将银行贷款按技术区分为财务报表型贷款（Financial Statements Lending）、资产保证型贷款（Asset－based Lending）、信用评分型贷款（Credit Scoring Lending）和关系型贷款（Relationship Lending）。其中，财务报表型贷款强调贷款决策和贷款条件设定是依据企业健全的、真实、透明的财务报表；资产保证型贷款强调企业所提供的抵质押物品作为银行贷款决策与确定贷款条件的依据；信用评分型贷款是运用现代数理统计模型和信息技术对客户进行全面信用计量分析，通过评价客户信用水平而进行贷款决策。这种分类与 Berlin 和 Mester（1998）的分类总体一致，可将前三类贷款归并为交易型贷款（Transactional Lending）。

同样，本书将银行信贷市场划分为关系型信贷和交易型信贷两类。关系型信贷是指银行与其客户建立长期的合作关系，通过关系来积累起非公开的“私人信息”，并依据“私人信息”进行贷款决策的信贷模式；交易型信贷是指银行依据客观性的评价指标，通过对客户公开性的财务指标进行评价而发放的，仅适用于当次决策的贷款。

2.1.3 我国的银行业结构决定了关系型信贷有良好的市场供给基础

从前面的分析得知，信贷深化促使信贷机构多元化，但不同的信贷机构有不同的市场定位，其所采用的信贷模式也有所不同。小银行及主要服务于某一区域的地方性银行其主要面向中小微经济主体提供信贷服务，是关系型信贷市场的主要供给者。

我国的信贷市场供给主体主要是银行业机构，根据中国银监会的统计，截至 2011 年底，我国银行业金融机构共有法人机构 3 800 家，其中 1 家开发银行、2 家政策性银行、5 家大型商业银行、12 家股份制商业银行、144 家城市商业银行、212 家农村商业银行、190 家农村合作银行、2 265 家农村信用社、1 家邮政储蓄银行、4 家金融资产管理公司、40 家外资法人金融机构、66 家信托公司、127 家企业集团财务公司、18 家金融租赁公司、4 家货币经纪公司、14 家汽车金融公司、4 家消费金融公司、635 家村镇银行、10 家贷款公司、46 家农村资金互助社。表 2－1 反映了我国银行业机构 2003—2011 年的资产变动情况。

表 2-1　　银行业金融机构总资产情况表（2003—2011 年）　　单位：亿元,%

年份 机构	2003	2004	2005	2006	2007	2008	2009	2010	2011	增长倍数	资产比重（2003 年）	资产比重（2011 年）
政策性银行及国家开发银行	21 247	24 123	29 283	34 732	42 781	56 454	69 456	76 521	93 133	4. 38	7. 68	8. 22
大型商业银行	160 512	179 817	210 050	242 364	285 000	325 751	407 998	468 943	536 336	3. 34	58. 03	47. 34
股份制商业银行	29 599	36 476	44 655	54 446	72 742	88 337	118 181	149 037	183 794	6. 21	10. 70	16. 22
城市商业银行	17 558	20 630	24 433	29 600	36 029	42 928	57 344	78 570	99 905	5. 69	6. 35	8. 82
农村合作（商业）金融机构	26 894	31 332	37 206	44 195	55 991	71 437	86 397	106 583	128 599	4. 78	9. 72	11. 35
新型农村金融机构和邮政储蓄银行	8 984	10 850	13 787	16 122	17 687	22 163	27 045	35 101	43 536	4. 85	3. 25	3. 84
前三者小计	53 436	62 812	75 426	89 917	109 707	136 528	170 786	220 254	272 040	5. 09	19. 32	24. 01
非银行金融机构	9 100	8 727	10 162	10 594	9 717	11 802	15 504	20 896	26 067	2. 86	3. 29	2. 30
外资银行	4 160	5 823	7 155	9 279	12 525	13 448	13 492	17 423	21 535	5. 18	1. 50	1. 90
银行业金融机构合计	276 584	315 990	374 697	439 500	531 160	631 515	795 146	953 053	1 132 873	4. 10	100. 00	100. 00

注：农村合作（商业）金融机构包括农村商业银行、农村合作银行和农村信用社。增长倍数指标是指 2011 年底相对 2003 年底的资产规模倍数，其计算公式为：增长倍数 $=\frac{2011\text{年底资产}}{2003\text{年底资产}}$。资产比重指标是指某类金融机构资产规模占金融机构资产总规模的比重，以% 表示。2003—2006 年为境内合计，2007—2011 年为法人合计。

资料来源：《中国银监会 2011 年年报》，中国银行业监督管理委员会网站：http：//www. cbrc. gov. cn/index. html。

从表中可看出，2003 年至 2011 年期间，我国以城市商业银行、农村合作信用社、农村合作银行、农村商业银行、新型农村金融机构和邮政储蓄银行等为主体的地方性中小银行机构[①]的发展速度超过银行业整体发展速度，而大型商业银行的发展速度相对较慢。地方性中小银行机构资产合计在 8 年间增长了 5.09 倍，比银行业机构整体水平多增了 1 倍；地方性中小银行机构占全部银行业机构的资产比重增加了近 5 个百分点，达到 24.01%。地方性中小银行机构的发展，既是金融深化的结果，同时又说明我国关系型信贷市场的进一步发展具有良好的供给基础。

2.2 企业成长：从市场需求角度探讨关系型信贷的产生与发展

2.2.1 企业成长阶段的融资需求变化

对于任何一个企业，在其成长过程中的不同阶段有不同的资产结构与财务特征。为方便分析，把企业的成长划分为初创期、早期成长期、成长期、成熟期四个阶段，则初创期为企业刚开始成立并逐渐开展业务时期，该阶段的企业还处于摸索发展过程中，没有稳定的现金流；早期成长期的企业已找到自己的主业，但很多项目还处于培育时期，现金流不充足，企业规模与实力较弱；成长期的企业已有较好的盈利项目，有不错的现金流，企业的规模与实力快速增长；成熟期的企业有稳定的、良好的现金流，有较强的资金实力。

不同阶段的企业，其信贷融资途径是不同的。图 2－1 展示了企业成长与信贷融资之间的关系，其分析主要基于三个假设：一是假设每一个企业都能经历初创期、早期成长期、成长期和成熟期四个阶段，即每一个企业都是从小企业发展而来，且都能发展壮大；二是假定企业的总融资量随着企业规模的扩张而增加（以直线 A 表示）；三是随着企业规模的不断扩大，企业的资产实力不断增强，抵质押资产也相应地增加。同时，企业的财务也将不断规范，企业的经营状况可以更多以财务报表等“硬信息”形式显现。

如图 2－1 所示，曲线 B 表示企业所获得的关系型信贷融资，曲线 C 表示

① 邮政储蓄银行是国有大型银行，但其大量提供小额信贷，同时考虑到官方统计数据的可获得性，故将其与其他地方性中小银行合并分析。

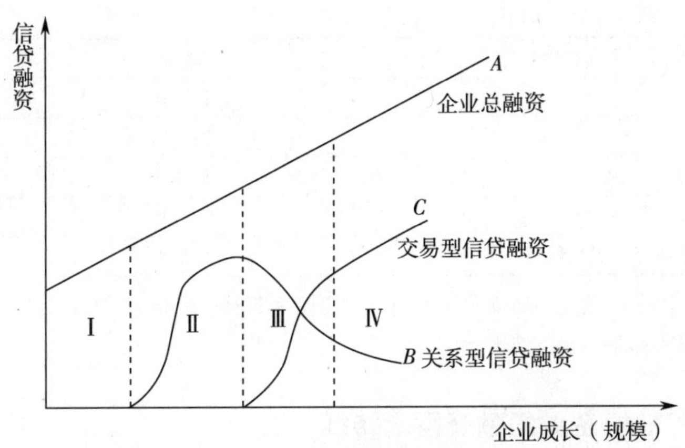

图 2－1 企业成长过程中的阶段性融资特征曲线

企业所获得的交易型信贷融资。在企业初创时期（区域Ⅰ），企业主要依靠原始积累、非正规融资和私募基金等渠道获得创业资金。在企业早期成长阶段（区域Ⅱ），企业主要是获得关系型信贷融资和非正规融资。一旦企业与银行建立良好的关系后，关系型信贷融资将迅速增加并替代非正规融资。随着企业生产经营的扩大，企业进入成长期（区域Ⅲ）后，企业不满足于关系银行所提供的关系型信贷，而在关系银行之外寻求交易型信贷融资。在企业财务不断规范的配合下，企业所获得的交易型信贷融资不断增长，与关系型信贷同样成为企业融资的主要渠道，特别是在接近成熟期时，交易型信贷会取代关系型信贷成为最主要的信贷融资途径。在企业进入成熟期（区域Ⅳ）后，企业的融资渠道主要是交易型信贷和资本市场融资。由此可见，关系型信贷在企业成长中发挥着十分重要的作用。而且，即便一些企业发展壮大后，与原来的关系银行一直保持着良好的信贷关系。企业需要一家银行作为自己的长期合作银行，在关键时提供援助。

需要说明的是，企业的融资除了信贷（包括票据融资）渠道外，还有股票、债券发行等直接融资渠道。但在我国，企业的直接融资所占比重很低（见表 2－2）。因此，在企业成长的不同阶段，信贷需求仍然是主要的。

表 2－2 社会融资规模统计表（2012 年） 单位：亿元，%

社会融资	规模	占比
社会融资总规模	157 605	100
其中：人民币贷款	82 035	52.05
外币贷款（折合人民币）	9 163	5.81

续表

社会融资	规模	占比
委托贷款	12 838	8. 15
信托贷款	12 888	8. 18
未贴现银行承兑汇票	10 498	6. 66
企业债券	22 498	14. 28
非金融企业境内股票融资	2 508	1. 59

资料来源：中国人民银行调查统计公开数据，中国人民银行网站 http：//www. pbc. gov. cn/publish/diaochatongjisi/3771/index. html。

2. 2. 2　不同规模企业的融资需求特征

不是每一家小企业都能发展成为大企业，也不是每一家初创企业都是小企业。但从一个社会的某个时点上看，大型企业、中型企业、小型企业、微型企业等同时存在，且从数量上看，一般满足金字塔形结构，即越是规模小的企业，其数量越多。因此，从某一个时点上看，一个社会或区域内大量的处于初创或早期成长期的小企业或微型企业，需要通过关系型信贷来满足其正常业务经营与发展的资金需求。

下面以图 2 –2 来分析不同规模企业的融资需求特征。交易型信贷以财务评价和担保评价为基本的客户信用评价，成本低且非常高效，但以此评价为基础就势必排斥了很大一部分的市场需求群体。图 2 –2 根据财务记录状况和能提供的贷款担保情况，将信贷需求主体划分为四类，分别以 4 个象限来表示。

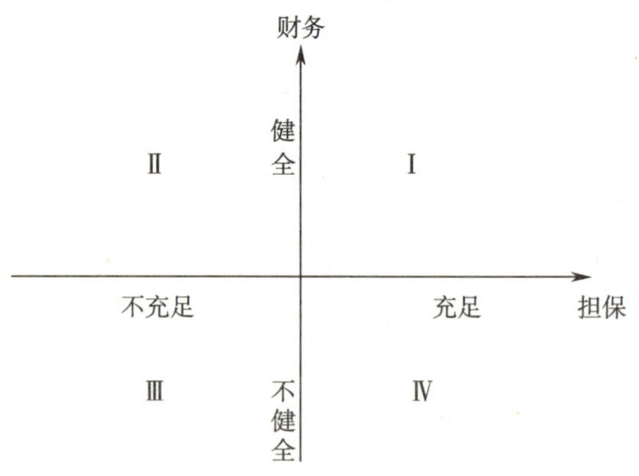

图 2 –2　信贷市场区分示意图

位于第Ⅰ象限内的经济主体，其财务健全，并能提供充足担保；位于第Ⅳ象限内的经济主体，虽然没有健全的财务，但能提供充足的担保；位于第Ⅱ象限内的经济主体，其财务健全，金融机构可以运用财务评价选择良好客户，并通过担保创新，或在社会加强担保体系建设下满足其贷款需求。因此，位于上述三个象限内的经济主体都具有较强的外部信息，银行都可以通过财务评价和担保评价来实施信贷决策，是交易型信贷的主要对象。而位于第Ⅲ象限的经济主体，既无法通过财务来外在客观地反映经营状况，又不能提供充足的担保，交易型信贷无法建立。但银行可以通过与这些经济主体建立长期的关系，通过内部信息来实现信贷决策，这就需要发展关系型信贷。

2.2.3 我国的经济主体结构决定了关系型信贷有良好的市场需求基础

改革开放以来，虽然我国经济总量实现了跨越式发展，但我国仍属于发展中国家，且不同区域之间的差异十分巨大。在我国，中小企业、个体经济和农户等中小微经济主体是经济体系的主要组成部分，占据了很大的份额。如我国第二次经济普查数据[①]显示：截至 2008 年底，我国共有中小企业法人单位 494.2 万家，占全部企业法人单位的比重为 99.6%；吸纳从业人员 17 749.4 万人，占全部企业法人单位从业人员的比重达到 81.1%。

我们可以通过信贷需求结构来说明关系型信贷在我国经济发展中的重要作用。信贷市场的需求结构一般以贷款投向结构来表示，由于统计归类方法不同，贷款投向有不同的分类。考虑到本书将立足于地方性银行来分析关系型信贷，故重点显示小微企业、农户等经济主体所获的贷款比重，如表 2－3 所示。从表中看出，在 2011 年的我国贷款投向结构中，有 40% 的贷款投向中小企业，有 32% 的贷款投向“三农”经济中。

表 2－3　我国金融机构人民币贷款投向结构（2011 年）

单位：万亿元，%

机构/结构	余额	比重	同比增长
全部金融机构贷款	54.79	100	15.8
其中：中小企业贷款（含票据贴现）	21.77	39.73	18.6
小企业贷款	10.76	19.64	25.8
其中：“三农”贷款	17.69	32.29	21.66
农村贷款	12.15	22.18	24.7
农户贷款	3.10	5.66	19.1
农业贷款	2.44	4.45	11.2

资料来源：中国人民银行调查统计公开数据，中国人民银行网站 http：//www.pbc.gov.cn/。

① 引自《中国经济普查年鉴（2008）》，北京，中国统计出版社，2010。

另据《中国银监会2011年年报》显示，截至2011年末，全国银行业金融机构小微企业贷款余额（小企业贷款余额与个人经营性贷款余额之和）为15万亿元，占全部贷款余额的27.3%。其中城市商业银行小企业贷款余额1.55万亿元，占其企业贷款的比重达47.8%，占全国银行业小企业贷款的比重为14.35%。加上农村金融机构的小微企业贷款，地方性银行是我国小微企业贷款的重要力量。

可见，中小企业贷款与“三农”贷款在我国信贷结构中占有重要地位，金融机构的贷款对于这些经济主体的发展至关重要，而由于这些经济主体缺乏健全的财务和良好的抵质押物品，关系型信贷是优选策略。我国庞大的中小企业、个体经营者和农户群体的存在，是关系型信贷发展的需求基础。

2.3 关系型信贷的特点与运行机制

2.3.1 关系型信贷的内涵与特点

（一）关系型信贷的内涵

关系型信贷是指银行通过与客户进行长期多种渠道的交往，积累了大量的客户及其业主相关的软信息，并主要依据这些软信息及历史交易信息而发放的贷款。软信息是一个较为宽泛的概念，包含了一切不能用确定的财务数据或指标（硬信息）来表示的信息，具有非正式、模糊、推断等特征。与关系型信贷相对应的是交易型信贷，它是指银行主要依据客户的公开财务信息进行决策的贷款。关系型信贷是连续的，每一次的贷款决策都参考以前的贷款决策与实际效果；而交易型信贷是不连续的，每次的贷款决策都仅适用于当次的贷款。

关系型信贷与交易型信贷各有自己的市场，这是因为双方所面临的经济社会环境有所不同，主要服务的对象也不相同。对于关系型信贷的主体客户来说，财务信息不健全、担保不充分是其明显的特征。关系型信贷关系的建立是长期博弈的过程，在这个过程中，银行不断地将各种社会资源内化为银行信贷资源，建立与社会环境、主体客户特征等相适应的软信息管理技术。与交易型信贷相比，关系型信贷不仅仅是服务于更为微小的经济主体，作为在交易信贷无法实现良好评价和服务的市场中发展起来的独立信贷模式，关系型信贷有着与交易型信贷不一样的市场选择标准、不一样的信息管理技术等，即有不同的特点和独特的运行机制。

（二）关系型信贷的特点

1. 关系性

关系性是指银行与客户之间的长期互动，包括信息传递、相互监督与约束等，是关系型信贷区别于交易型信贷的核心所在。美国学者伯林和麦斯特（1998）认为银企需要建立一种全面、细致的关系，利用这种长期合作关系，最大限度地减少银企之间资金借贷风险，这正是关系型信贷发展的基础。关系型信贷市场中必然存在信贷资金供给者与需求者之间的相互选择的合作关系，这种关系直接影响着信贷双方的合作效率，因此需要建立相对稳定的、长期的合作关系。

关系型信贷的关系是多方面的，既有银行与其客户之间直接的双边关系，也有客户与一家以上银行同时发生的竞争性关系；既有银行与借款人或保证人的关系，也有借款人与保证人的关系，还有借款人与周边社区或群体中其他经济主体的关系。因此，"关系"是立体的，是网络化的，体现在区域社会关系网络与经济关系网络之中。

2. 长期性

在关系型信贷中，企业与关系银行往往通过长期交往不断获得信息，才最终形成较为稳定的合作关系。一般而言，银行与客户关系的紧密程度与双方建立关系的时间长短有很大的关联，建立关系的时间越长，银行越有可能掌握更多的企业内部信息，就越利于银行稳定客户。同时，双方在业务中越长期地博弈，越有利于双方达到均衡状态，形成能充分反映客户实际经营情况与偿债能力的贷款条件。但是，银行与客户的关系时间与该区域的银行市场竞争程度有关。一般来说，银行市场竞争程度越高，越不利于银行与客户建立更长期的合作关系。

3. 社会性

关系型信贷具有社会性，它是关系型信贷的"关系性"所决定的，也是一般的交易型信贷所不具备的。关系型信贷的"关系"体现在社会关系网络与经济关系网络之中，是银行与其客户、银行与客户所处的关系网络、客户与其关系网络等各种关系的总和。在这种具有社会性的关系之中，社会的信任结构，人们共同的规范、准则和习俗，以及人们所组成的各种团体等，都将影响客户的经济行为，都将影响银行对客户的贷款评价。本书在后面以"社会资本"来体现关系型信贷的社会性。

4. 内部性

关系型信贷的"关系"具有内部性，是银行与特定客户及其特定的社会经济关系网络之间的关系。关系的内部性主要体现为信息产出的内部性、监督与约束的内部性两面，即银企关系网络中所产出的信息为网络内部享有，为关系银行所收集，而不能成为公开信息；同时，关系所产生的相互监督与约束力具有内部性，离开了关系网络，这些监督与约束能力将不复存在。

2.3.2 关系型信贷具有独特的运行机制

与交易型信贷相比，关系型信贷在客户信用评价、贷款定价、激励机制与风险管理等方面有其独特的运行机制，表 2－4 对交易型信贷与关系型信贷的运行机制差异进行了概括。

表 2－4 交易型信贷与关系型信贷运行机制的差异

信贷运行	交易型信贷	关系型信贷
客户信用评价	以财务评价与担保评价为核心	业主评价、道德风险评价等非财务评价与财务评价相结合
贷款定价	风险定价	关系定价
激励	交易性激励	动态性激励
风险管理	外生信用风险管理	内生信用风险管理

关系型信贷的运行机制主要体现在：

1. 非财务评价与财务评价相结合的信用评价机制。交易型信贷基于客户的财务状况开展信用评价，可以通过构建财务评价指标体系来实现；而关系型信贷的主体客户不具备健全的财务信息，无法开展全面的财务评价，只能将财务评价作为信用评价的一部分。但同时，关系型信贷建立起长期的银企关系，通过内部信息，将客户（法人）评价与业主（个人）评价相统一，全面评价客户道德风险和社会资本，形成财务评价与非财务评价相结合的信用评价机制。

2. 关系定价机制。风险定价是交易型信贷定价的基本方法，但对于关系型信贷而言，一方面其风险因素较为复杂；另一方面作为主要风险因素的道德风险难以量化，即使采用量化模型，但由于风险测算的高弹性，量化结果本身又产生极大的道德风险。因此，关系型信贷的定价常常是关系定价，即通过衡量银企关系的紧密程度来确定客户的贷款利率。衡量关系定价的“关系”是多方面的，既有关系持续时间，也有贷款次数或金额，还有客户在银行的存款余额等。关系定价与风险定价不同，但其中也体现了一定的风险因素，是不完全风险定价方法。

3. 动态性激励机制。交易型信贷一般是非连续性的，每一次交易成本都取决于当次的信贷评价结果，因此银行提供的激励是交易性激励。而关系型信贷从长期连续性的交易出发，实施长期的累积激励，是一种动态性激励机制，如动态的贷款定价激励、贷款额度、贷款条件激励等。即银行根据客户不断累积的历史交易记录，给予正向的、条件不断优惠的贷款激励，或给予反向的、要求不断提高的惩罚性激励。对于关系型信贷而言，动态激励可促使借款人采用合作策略，注重形成良好声誉，有利于降低信贷风险。

4. 内生信用风险管理机制。交易型信贷中，银行的风险管理方式往往是对客户不合规的警告、要求客户提前偿还贷款、对担保物品变现等，这种风险管理体现为外部管理特征。而对于关系型信贷而言，银行与客户建立起长期的合作关系，银行通过社会经济关系网络、保证人等来监督、约束借款人，依据长期评价来为暂时资金困难的客户提供贷款援助，这种风险管理具有内部管理特征，更有利于分散、弱小的经济主体实现长期成长，也有利于银行自身的稳定发展。

本章小结

作为本书分析的两大技术维度之一，本章首先基于信息经济学的信息不对称理论来探讨关系型信贷市场是如何形成和发展的。

本章分别从信贷市场的供给和需求两个角度来探讨关系型信贷的形成与发展。经济社会的发展促进了信贷功能的发展，推动信贷深化，体现为信贷机构的多元化、信贷模式的多样化和信贷覆盖面更加宽泛。随着信贷深化，关系型信贷较好地克服信息不对称和交易成本问题，由此形成由关系型信贷和交易型信贷这两类基本信贷模式所组成的现代信贷市场结构。另外，企业的发展壮大历经不同阶段，具有不同的财务、资产特征，所能获得的融资方式也不断变化。企业在发展壮大的不同发展阶段，或在同一时期处于不同发展阶段的企业，银行可以不同的信贷方式来满足其融资需求，由此形成关系型信贷与交易型信贷共同发展的信贷市场格局。

关系型信贷是指银行通过与客户进行长期多种渠道的交往，积累了大量的客户及其业主相关的软信息，并主要依据这些软信息及历史交易信息而发放的贷款。关系型信贷是连续的，每一次的贷款决策都参考以前的贷款决策与实际效果；而交易型信贷是不连续的，每次的贷款决策都仅适用于当次的贷款。关系型信贷具有关系性、长期性、社会性和内部性的特点。同时，关系型信贷有着与交易型信贷不一样的市场选择标准、不一样的信息管理技术等，因此有其独特的运行机制，主要体现在：（1）非财务评价与财务评价相结合的信用评价机制；（2）关系定价机制；（3）动态性激励机制；（4）内生信用风险管理机制等方面。

3

关系型信贷的“关系”：内涵、本质与价值

在关系型信贷中，银行与企业“关系”的建立与互动，对于维持相对稳定的银行与企业之间业务往来具有至关重要的作用。通过“关系”，银企之间实现了良好的信息交流与管理约束，双方都获得关系剩余。本章将立足本书研究的另一技术维度——社会关系学，来探讨关系型信贷最为核心的纽带——“关系”。

3.1 “关系”的内涵与特征

关系是跨学科的概念，在社会学研究及实际社会生活中，关系被经常提及，在经济生活中，关系在许多地方都发生着作用。因此，研究关系的内涵需要从多角度入手。

3.1.1 社会学中的“关系”

以个人、家庭、亲戚朋友及同事等构建起来的社会中，关系作为社会活动的主线在社会行为中发挥着重要的作用。关系是人和人或人和事物之间某种性质的联系，在社会学中关系有其特定的含义，关系是随着人类社会的诞生而出现，也随着人类社会的发展而发展。中国社会在发展过程中依据传统的社会伦理道德，即以儒家为主，道法为辅的伦理体系（何似龙，2006），在“家国一体”的宗法制度基础上构建了我国传统的社会“关系”模式。这种社会关系模式不仅包括了政治管理关系，也包括了人类社会关系。由于中国古代社会管理者认为治国就是治人（张岱年，2002），因此在对关系的讨论中强调了

“人”在社会行为中的主体作用。

在社会学中，关系（Relation）的一般定义是事物（包括人的个体，下同）与事物之间，以及事物内部各要素之间的客观联系。关系在人类社会发展过程中产生，并不断进行自我变化。马克思认为事物之间普遍存在着联系，关系是事物之间联系的一种表现形式，在《雇佣劳动和资本》（1847）中提及关系时，认为人们在生产中不仅同大自然发生关系，也同不同人及群体发生关系，他们如果不以一定的方式结合起来共同活动和互相交换其活动，便不能进行生产。韦伯认为“关系”是人和社会互动的主要表现形式（王善英，2007）。这种“关系”的互动形成了这种错综复杂的关系网络，其中社会“关系”互动中最为常见的为经济“关系”的互动。

3.1.2 经济学中的“关系”

马克思（1847）认为，社会经济生活中存在着生产力与生产关系之间的相互适应关系。人们在自己的生活和社会生产中发生一定的、必然的、不以他们的意志为转移的关系。亚当·斯密（Adam Smith）在《国富论》中提出了“分工论”，在社会化大生产的背景下，人与人之间存在差异，专业的分工改变了人与人之间的经济“关系”互动模式。经济“关系”互动的形成，为某种社会关系的产生奠定了基础，即由于分工而产生了人类活动的一定联系和依存关系；同时一旦失去某种相互关系，分工也无法存在。

经济学在进行经济行为的分析时，将人假定为“理性人”或“经济人”。随着管理哲学的发展，人们逐渐认识到每个个体具有“社会人”的行为角色。马斯洛在“社会人”的基础上提出了“自我实现人”。可见，人在社会经济中扮演者“经济人”和“社会人”的双重角色。作为个体具有经济能力的人将经济行为嵌入社会关系之中，因此经济学中对关系的定义其实包含了人的经济关系和人的社会关系。这种双重关系的融合在我国社会关系体系中表现得尤为突出。

新制度经济学派在研究人际关系时认为应该根据人的实际活动来定义人性，修正了新古典经济学对人性的假设，认为：（1）人的行为是有限理性的；（2）人都具有为自己谋最大利益的机会主义行为倾向。“关系”在有限理性和机会主义行为中，强化了专业分工基础上的经济主体之间的行为互动。客户关系管理（Customer Relationship Management，CRM）在经济关系互动中被重视，客户在供应链中具有重要意义，是产品实现社会价值的重要环节。不管是在以商品流通为主的实体经济中，还是在以金融产品为主的虚拟经济中，客户关系的维护都具有重要的意义。

3.1.3　关系型融资中的“关系”含义

融资行为中的“关系”是虚拟经济与实体经济进行“关系”建立的主要渠道。经济行为主体之间的“关系”是否具备建立条件主要取决于“关系”的风险控制、“关系”的管理成本和“关系”构建的难易程度等。不完备的金融市场中存在着信息的不对称，增加了建立信贷关系的成本，也为关系型信贷的产生和发展提供了必要条件。为降低信贷资金流通的成本和投融资的风险，资金供求双方需要形成简单的非正式金融合约的关系，其目的在于尽可能地获得资金需求者的内部信息，降低信息不对称性，并通过长期客户关系管理来获得关系剩余。

关系型信贷中的“关系”能够对金融市场中经济行为风险有效控制。关系型信贷“关系”管理存在甄别与监督的风险评估和控制过程。在银行主导型的金融体系中，处在向市场化转型的阶段，必然存在相对较为严重的信息不对称问题。经济行为主体“关系”的建立有利于信贷的提供者获得对借款人的隐性信息（Tacit Knowledge），并据此作出客观的信用评价和风险定价。经济行为主体之间关系紧密程度即“关系强度”为信贷供给者提供了风险评测的依据，也是对经济行为发生前市场风险的预测和事后风险的补偿。因此，贷款者在对借款人的贷款决策中，风险成为主要考虑的内容，而风险的评估与控制需要通过“关系”来开展。

对于贷款人而言，通过关系型信贷“关系”的建立来平衡成本和收益之间的关系。“关系”的管理是在不完备金融市场或信息不对称的关系交往中成本控制的重要手段，关系紧密程度的不同，不仅反映了金融市场上经济主体的信息披露的程度，也反映了对隐性信息的掌握与控制程度。通过长期的关系互动，不仅可以提高隐性信息的产出能力，也可以促进隐性信息的私下传递。另外，关系紧密度即关系强度还在一定程度反映了贷款人对社会优势投资资源的整合和利用能力，较高的关系强度有利于贷款人获得长期租金。信贷“关系”的长期维系，强化了贷款人对社会资本投资的稳定性，可以为贷款人带来更多的隐性契约，实现对区域内优势投资资源的合理利用，提高了社会资源的配置效率。

因此，本书认为，关系型信贷的“关系”是指银行与贷款客户及其群体之间，在业务交往中逐渐建立起来的，开展信息交流和形成相互约束力的纽带。这个定义包含以下几层意思：

其一，“关系”的主体是银行与贷款客户及其群体。群体成员包括与贷款或贷款客户直接相关的人，如保证人、贷款客户的亲属等；以及贷款客户所在的社会关系网络与经济关系网络中各关联个体。群体能产出社会资本，是银企关系的组成部分。

其二，“关系”的本质是信任。“关系”是隐性的，非合约化的，“关系”的建立是基于人与人之间的信任，是在长期合作中逐渐建立起来的，一般随着时间的推移，“关系”的强度由于信任的增加而产生累加。

其三，“关系”的价值是产生内部信息，并形成相互的监督与约束能力，这就是社会资本。关系网络中的许多信息是内部化的，关系网络之外的经济主体无法得到；同时，关系网络有自我稳定功能，能产生相互的监督与约束作用。

因此，“关系”以信任为基础，外在表现为关系网络结构、内在体现为社会资本，或者说，“关系”是在关系网络中所形成的社会资本。

3.1.4 关系型融资中的“关系”特征

在不完全竞争的市场背景下，信贷市场本身无法消除逆向选择和道德风险，也就无法在市场条件下全面实现合作契约的激励相容。完全依赖市场的竞争机制，通过交易型信贷还不能很全面有效地发挥资源配置的作用，特别是针对信息不对称性严重的市场。关系型融资通过“关系”的建立与发展，依据长期合作关系来开展风险评估和监督控制，可以有效地降低信息不对称下信贷市场成本收益失衡的风险。长期的关系有效利用，能实现对信息收集成本的跨期分担，降低信贷的交易成本。

因此，关系型信贷的“关系”具有互惠性、稀缺性和扩散性的特征。互惠性特征体现在两个方面。一是银企双方的互惠，即关系的建立有利于降低市场机制失灵所导致的信贷双方的成本和收益失衡，而长期关系有利于信息成本的跨期分担，从而降低信贷交易成本。因此，关系有利于银企双方实现对剩余的共享。二是关系网络内部各成员之间的互惠，因为关系体现在一定的网络结构中，具有很强的外部性，能提高网络结构中各成员的收益；关系的稀缺性体现了关系是一种资源，在不同的社会经济关系网络中，关系的产生强度是不同的。也就是说，不同的社会经济关系网络具有不同的社会资本，是一种稀缺性资源，可以为社会经济关系网络中的成员带来收益。另外，关系处于不断变化之中，它既可以在一定的社会经济关系网络内部进行扩散，也可以扩散到网络之外。对于银企关系而言，关系扩散可以是新的信贷关系的建立，从个体到团体的信贷模式扩散，也可以是信贷关系维度的改变，从双边的关系模式到多边的关系，同时也将伴随着信息体的多维度改变。因此，关系型融资的关系发展是一种动态的扩散过程。

3.2 “关系”的本质：信任

前文界定关系型信贷的“关系”时指出，“关系”的本质是信任，是在长期合作中逐渐建立和发展起来的相互信任，且一般随着时间的推移而产生累加。因此，有必要先探讨信任问题。

3.2.1 信任的内涵与本质

（一）信任的内涵

在人际交往中，信任作为一种交往态度，也作为一种价值心理，更是一种文化模式，同时还作为一种社会资本[①]，而本书研究主要基于经济学的视角，将信任作为一种以减少交易成本的理性人行为，是经济交换的润滑剂，是控制契约最有效的机制。这种信任机制在不同的社会形态中，作为正式的或者非正式的诚实合作行为的共同体，可以看做社会资本的组成部分，同时依靠人们反复的市场交换而对他人经济行为形成稳定期望的能力。

信任具有道德的范畴，但同时又体现在经济活动之中。本书将信任的道德范畴和经济内涵融合起来：一方面，信任意味着社会的善[②]；另一方面，社会资本理论中的信任与传统经济学中的信任概念有很大的相同之处。

（二）信任的本质

信任从根本上说，是人们在社会活动和交往过程中，基于对交往对象及交往行为能产生预期结果的一种相信态度。信任是由区域文化所决定的，不同国家或地区的文化差异造成了信任方式与信任程度的不同。韦伯（2004）在有关中国传统社会的论述中提道：“中国的伦理，在自然生产的个人关系团体里，发展出其最强烈的推动力，这与最终要达到人的义务之客观化的清教伦

① 白春阳：《现代社会信任问题研究》，北京，中国社会出版社，2009。

② 弗兰·汤克斯：《信任、社会资本与经济》，李熠煜编译，载《马克思主义与现实》（双月刊），2002（5）。

理，形成强烈的对比"[①]。帕金森将西方与中国社会的区别归结于普遍性和特殊性的特征差异，因为清教主义代表了一种普遍的基督教倾向的强化，是一种极端反对任人唯亲的精神，这与儒家伦理恰好形成强烈对比，儒家是给予一个人与其他特定个人之间的关系以伦理神圣性，并进行伦理强调，是一种特殊性的体现[②]。

费孝通先生的"差序格局"对这种普遍性和特殊性的信任理论进行了延续。费孝通（2002）[③] 将社会结构分为乡土社会和契约社会，人类社会的发展是从乡土社会逐渐向契约社会转型：乡土社会是指以族缘、地缘、血缘关系为基础而形成的社会结构，由熟人之间的相互信赖而构成经济交易和非经济活动的基础；而契约社会是由经济主体之间按照平等和公平的原则自愿达成合约。费孝通先生也阐述了中国自古以来长期处于"乡土社会"，信任是发生于对一种行为的规矩熟悉到不假思索时的可靠性，这种信任是以"己"为中心，像水纹一般，一圈圈推出去，愈推愈远，也愈推愈薄，这便是中国社会结构的基本特性[④]，称为差序格局。因此，在乡土社会中的交易是否达成，须依赖交易者自身对交易对方在这个差序格局中所占据的位置的考察，一旦交易扩展到陌生人的层次，交易双方的信任感就大大降低。而与之相反的，存在于西方社会信任中的团体格局，其交易依赖于契约对权利与义务的清晰界限。

（三）信任与信用

信用中包含了信任。所有对信用的解释，都内含着"信任"的成分。信用的发生是以信任为基础，信任是一切信用形式的共同基础。经济活动中所涉及的借贷活动首先需要贷出者对借入者的信任，才能够不需要提供物资保证而进行赊销、赊购。从现实来看，没有信任，就没有商业信用的产生，也就谈不上银行信用、国家信用、消费信用以及信用衍生产品等。同时，信用又是信任的一种外在体现形式，是信任的效用。

3.2.2 双边信任与多边信任

信任关系是社会资本中的核心元素，社会资本建立在人们频繁交往所形成

---

① 马克思·韦伯：《韦伯作品集·中国的宗教》，第五卷，简惠美译，桂林，广西师范大学出版社，2004。

② 何兆武、柳卸林：《中国印象——世界名人论中国文化》，下册，桂林，广西师范大学出版社，2001。

③ 费孝通：《乡土中国·生育制度》，北京，北京大学出版社，2002。

④ 费孝通：《乡土中国·生育制度·乡土重建》，北京，商务印书馆，2012。

信任的基础上。无论社会经济关系网络有多大，网络中的成员之间首先存在双边信任，即一个成员对其他另一成员之间的信任。但是，社会经济关系网络是由众多成员共同组成的，网络中错综复杂的双边信任形成了多边信任，任一双边信任都有可能对多边信任中的某些信任产生影响；同时，多边信任结构与信任程度也影响了网络中任一双边信任。

信任的存在，有利于群体内部达成一致。信任关系是在组织或个人不断重复的社会活动中逐渐形成，随着彼此交往的密切和相互了解的加深而不断被强化。社会资本的关键特性就在于信任的可传递性：A 信任 C 是因为 B 处于 A 与 C 的中间，联系了 A 与 C，也就是说 A 和 C 都信任 B，于是这种信任关系通过 B 分别传递给 A 和 C，从而 A、C 与 B 的信任关系得以建立，随着这种双边关系的递进，逐渐形成社会资本。为什么社会资本与信任存在着如此密切的联系？一方面，人与人之间的普遍信任与社会资本来自社会成员之间的互动。而这些互动的基础均建立在社会共享的规范、价值观之上。如果一个群体的成员开始期望其他成员的行为举止将会是正当可靠的，那么他们就会相互信任。另一方面，信任度的高低决定了社会资本的多少。信任半径越长，社会资本越多。

3.2.3 我国社会信任关系结构及其变迁

社会信任是在人们的社会经济生活和交往活动中形成的，同时又作为社会经济生活的一种因素，作用于实际的社会经济生活过程，影响着人们的社会交往与经济活动。因此，在不同的社会经济生活和交往条件下，社会信任的模式也是不同的。

在中国传统的社会背景下，与之相对应的信任仅仅是通过人与人之间互相接触而产生的，人与人之间的直接了解和道德规范构成传统信用文化的基础。这种信用文化只适用于范围较狭小的社会经济活动。随着经济的发展，传统的信用文化不再能满足需求，经济交易中所产生的信任部分替代了传统的社会生活中形成的信任，信任结构趋向多元化。

（一）传统社会中的人格信任

在中国传统社会中，家庭是社会生活的核心，是社会制度的原型、社会秩序的要素，因此人们的交往往往都是直接的，交往的对象以具有一定关系的熟人为主，这就限定了传统社会的信任是一种人格化的信任。人格信任是对具体个人的人品、人格的了解、熟悉和相信，依靠的是交往对象的个人诚信。人格信任是一种特殊信任，是在特定圈子内对特定人的信任。费孝通将人格信任形成的社会结构称为差序格局。福山认为："传统中国的家族主义文化强调和重视家庭、亲戚及血亲关系，将信任家族之外的人看做是一种不可允许的错误。因此，中国人所相信的人就只是他自己家族的内部成员，对外人则极度不信任。”①

传统的人格信任模式存在一定的局限：第一，作用范围十分有限，局限血缘、族缘和地缘之内；第二，极难形成具有普遍性的社会责任，以亲缘关系来取舍人际关系，以熟悉程度为本位参与社会活动，势必增加了与亲缘关系之外个体建立信任的难度；第三，在相当程度上遮蔽了制度建设的重要意义，人治因素会相对得到放大，同样人治的弊端也得到显现和放大；第四，人格信任潜藏着“信任危机”的可能，出现“劣币驱除良币”的现象，引发普遍的不信任。这些局限性决定了我国进入现代社会，特别是现代化生产与流动背景下，单纯人格信任存在明显的不适应性，且这种不适应性不断放大。

（二）转型中的社会信任

在传统社会向现代社会转变或过渡过程中，市场经济冲击了原先自给自足的生产方式，使农业附属于工业，农村附属于城市，使整个社会越来越成为依赖于市场交换而存在的社会，从根本上改变了人们的生活方式、交往方式、思维方式和价值观念，市场交换和契约观念逐渐深入人心并影响人们的社会行为。

市场交易大多是采取契约形式来实现的，建立在市场经济至上的现代社会本质上是一个契约型社会，是依靠各种契约而存在的社会。契约就是承诺和由此建立的人与制度以及人与人之间的信任关系，是双方或多方协议认可并承诺遵守的行动规则。对于现代社会来说，需要的是一种系统信任，包括能够保障人民的合法权利和利益不受侵害的法律体系、制度系统和规则系统②。系统信任模式的产生，主要不是依赖于人与人之间的熟悉程度，而是建立在正式、合法的社会规则制度基础上，依靠整个法制系统、制度系统和规则系统而形成的一种新型信任模式。

3.3 “关系”的价值：社会资本

3.3.1 社会资本内涵与构成

本书所研究的社会资本是一个场域概念。从广义上来看包括区域社会文化

① 李伟民、梁玉成：《特殊信任与普遍信任：中国人信任的结构与特征》，载《社会学研究》，2002(3)

② 马俊峰等：《当代中国社会信任问题研究》，北京，北京师范大学出版社，2012，96页。

和关系网络；从微观来看，主要指关系网络，包括经济关系网络和社会关系网络。其中经济关系网络包括生产关系和交易关系，社会关系网络包括血缘、族缘、地缘关系网络和社区关系网络。

已有文献从不同角度对社会资本的界定可以概括为：（1）社会网络说。认为社会资本本质上是一种社会网络关系。社会资本重点在于拥有特定资源的成员嵌入的链接，且这种链接依靠成员在频繁交流过程中形成的内部信任关系维系，使人们能够从这种稳定的网络关系中获得利益。（2）权威关系说。詹姆斯·科尔曼（Coleman，1990）认为社会资本是“个人拥有的以社会结构资源为特征的资本财产，社会资本由构成社会结构的各个要素构成，存在于人际关系的结构中，人们将自己的一部分权利转让给他人，以换取对他人资源的控制”，他强调人们之间对资源控制的权威关系为社会资本的表现形式。由此，社会资本是在网络关系中树立一定的权威，来影响和约束网络成员的行为和态度。（3）社会参与说。社会资本作为一种社会性的资本，更主要的是通过不同个体和团体的参与，作用于政治和经济生活。因此，社会资本是嵌入的结果，是一种资产或者获取稀缺资源的潜力。

本书认为，上述三个角度对社会资本的界定都有较强的科学性，都从一个维度较好地说明了社会资本的内涵或本质：社会网络说阐明了社会资本的外在表现形式，是一种社会关系网络，包括经济生活的关系网络和社会生活的关系网络；权威关系说揭示了社会资本的本质是一种资源，是内生的一种权威或约束力；社会参与说认为社会资本具有互动性，它是联系社会网络说和权威关系说的纽带，揭示了社会资本外在表现与内在功能之间的关联在于关系网络内部之间的互动。

因此，本书充分接受上述三种学说对社会资本的分析，并将三种学说综合起来界定社会资本的内涵：社会资本是指在社会关系网络中所形成的信任资源。社会资本以一定的社会经济关系网络为运作基础，网络结构中的每个成员根据占有资源情况各自拥有自己的场域和位置，并通过成员之间的互动，形成具有权威性的信任。社会经济关系网络成员彼此间频繁的交流、接触和互动产生了信任，这种信任生成了声望和制约关系，从而能够使网络成员对稀缺资源进行配置。可见，社会经济关系网络是社会资本的运作基础，信任、声望和参与是社会资本的核心要素，图3－1从关系网络角度分析社会资本结构。

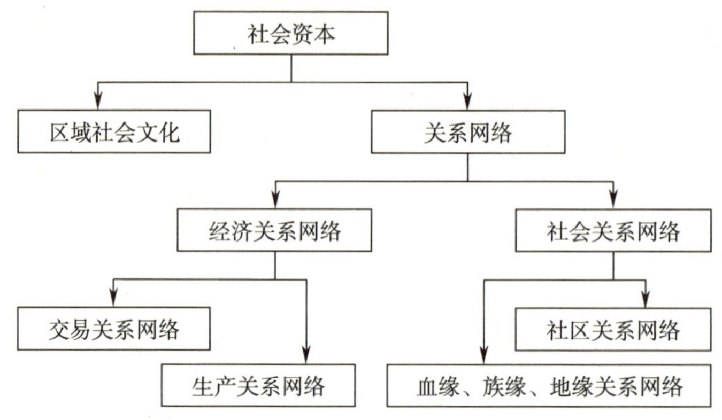

图 3-1 关系网络中的社会资本结构①

3.3.2 信任是社会资本的基础

信任是社会资本的基础，它根植于人们形成的社会经济关系网络中，并成为关系网络目标实现的重要纽带。普特南（Putnam，2001）认为“社会资本是由一系列的信任、网络和规范构成的，这种具有组织性质的网络可以促进集体合作意愿的达成，进而提高工作效率”。他重点强调了信任的重要性，指出公民信任对合作行为的内在作用机理，公民间越信任，合作行为越有可能达成。福山（Fukuyama，1998）从社区角度出发，扩展了普特南的界定，认为社会资本是根据社区的传统建立起来的群体成员之间共享的非正式的价值观念和规范，因其趋同性可以产生对成员的信任，从而促进合作行为。因此，社会资本体现关系网络成员中的信任，这种信任突破了个体的限制，可以拓展到整个关系网络范围内，而且成员间的信任致使他们间更容易发生合作行为。

3.3.3 关系网络是社会资本的外在表现

中国传统社会的经济关系网络，不同于西方的普遍性，是以个人、家庭本位为基点，如图 3-2 所示，从自己到宗亲、姻亲，到朋友、熟人，最后再向陌生人发散，从情感性关系变成混合性关系再到工具性关系，关系强度慢慢减弱，这种关系恰好与费孝通的水波纹理论中的“差序格局”是相符的，并且这个范畴是以自己为中心，能放能收、能伸能缩的社会范围。这个社会关系网

① 社区关系与费孝通先生的地缘关系是不同的，地缘是一个传统的空间概念，是指由空间地理所产生的熟人关系，如同乡。社区范畴很广泛，具体见本书第 7 章对社区的界定。

络构图体现了中国人交往中的亲疏远近特点，也反映出关系的一贯性、延续性，同时更重要的是作为社会稀缺资源，不同成员之间的关系具有差异性。

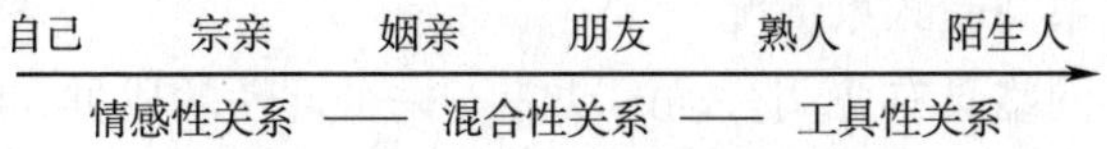

自己
宗亲
姻亲
朋友
熟人
陌生人
情感性关系 —— 混合性关系 —— 工具性关系

图3－2　社会关系网络结构图

另外，社会资本都与经济、社会和政治领域相关联，是社会关系与经济结果相互影响的结果。在现实经济生活中，经济关系与人际交往必然存在着强烈的密切联系（见图3－3）。目标主体在社会网络中的经济关系，包括合作关系和交易关系，都是从“熟人”逐渐向“生人”的向外扩散，由紧密变成松散。随着社会关系的松散，经济合作的动机就会降低，交易成本则会提高，那么就会转而依赖于经济代理人之间的关系及这些代理人的正式和非正式组织，从而提高经济行动效率。

合作关系
散
松
目标
主体
交易关系

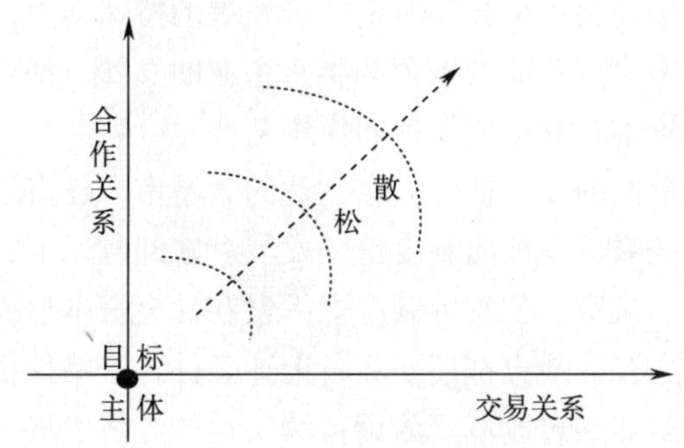

图3－3　经济关系网络结构图

3.3.4　信息共享、协调行动与声誉约束是社会资本的内在功能

社会资本是“那些在一个社会中通过创造和维持社会关系和社会组织模式来增强经济发展潜力的因素”①。经济发展潜力是多元因素的结合，本书认为，社会资本通过其信息共享、协调行动和声誉约束的三大功能可以增强经济发展潜力。

首先，关系网络具有信息产出与共享功能。关系网络无论是社会关系网络还是经济关系网络，内部成员之间的信息要大于其与外部成员之间的信息。内

① 乔纳森·H. 特纳：《社会资本的形成》，北京，中国人民大学出版社，2005。

部成员之间能更准确地了解其他成员真实的资产实力、经营能力与经营状况等，特别是能掌握其他成员所处的经济关系与社会关系网络，以及其在网络中的地位、利益关系与受约束情况。

其次，关系网络具有协调行动的功能。一个理性的成员，在共享了内部信息后，都会自我评估关系网络所形成的社会资本的价值。关系网络能提供给成员们互惠的预期，促使各成员在决策中进行协调，达到协调行动的效果。

最后，关系网络具有声誉约束的功能。声誉机制是社会资本的核心组成部分，声誉机制的存在，一方面促使关系网络中的成员具有自我约束能力，能保持关系网络的稳定；另一方面，也促使每一个成员都产生对其他网络中成员的监督，形成关系网络内的相互约束作用。

3.3.5 我国企业社会资本形成及其特点

（一）我国社会资本的发展

社会资本是中国社会结构转型时期经济发展的特殊动力，无论是农村家庭承包责任制还是后来家族企业的繁荣和私营企业的发展，都可以看到中国传统社会结构中的社会资本在其中所发挥的作用[①]。

我国是个城乡分割的二元社会。在发达的大城市，在市场化程度高的经济环境下，社会信任关系已逐渐向制度信任发展。在此背景下，社会资本也将越来越显性化，法律、规章、公约等制度性因素在社会资本形成中发挥越来越大的作用。但我国绝大多数地方都还不具备上述条件，人格信任是当前我国社会信用的主要形式。虽然经过改革开放后持续快速的经济发展，并带来人员流动和社会关系结构的变化，但以人格信任所形成的社会关系网络，以及人格信任产生重要影响的经济关系网络共同决定了我国当前社会资本。

（二）我国企业的社会资本

企业的类型很多，其所处的区域经济社会环境也各不相同，为便于讨论，本书仅探讨地方性企业（中小微企业为主体）所在的社会关系网络中的社会资本。

经济活动嵌入于社会关系中，不存在独立的经济实践和关系。从我国各基层地方的区域环境来看，经济关系网络同样是嵌入于社会关系网络之中的，其社会资本是经济关系网络和社会关系网络共同构成的关系网络所内生的。因此，我国企业的社会资本具有以下三个特点。

---

① 张克中：《社会资本：中国经济转型与发展的新视角》，北京，人民出版社，2010。

1. 社会关系网络是由以"熟人社区"为核心的社会关系网络和以市场为核心的经济关系网络共同形成的

我国的中小微企业多产生于"熟人社区"，家族企业较多，或有一定的血缘、族缘、地缘关系的企业之间容易形成合作关系（社区）。即使在一个产业或市场内，企业之间的合作关系建立也是遵循从"情感性关系"到"混合性关系"再到"工具性关系"的社会关系扩散过程，以此形成社会关系网络。另外，经济关系网络的建立，除受到社会关系网络的重要影响外，以地缘为基础的市场成为经济关系网络的重要纽带。经济关系网络的建立，以人格信任为基础，先相信人，再谈经济合作。White（1981）① 指出市场是从社会网络发展而来的，因为：生产经营者们从一开始就处在同一社会网络中，他们互相接触，社会网络为他们提供了必要的经营信息；处于同一网络中的生产经营者们相互传递信息并相互暗示，从而建立了一种信任关系，形成一定的共识和规则；市场秩序事实上产生于同处一个网络圈子中的生产经营者，是生产经营者网络内部相互交往产生的暗示、信任和规律的反映。以市场为核心的经济关系网络，体现了人格合作与交易合作。

2. 社会资本以非正式框架为主体，正式框架为补充

前面已将社会资本界定为在信任的基础上所形成的社会资源。社会资源可以正式框架形式体现，也可以非正式框架形式体现。若将社会资源视做一种利益与权力，则有显性与隐性之分。一般而言，正式框架是显性的，而非正式框架是隐性的。非正式框架体现在文化之中，而正式框架体现在制度之中。我国企业的社会资本是由"熟人社区"的社会关系网络，以及建立在人格信任基础上的生产合作所形成的经济关系网络共同组成，主要表现为约定俗成的规则、规矩等，属于非正式框架，而正式框架下的行业公约、区域信用体系等只能是社会资本的补充。

3. 社会资本的产出更需要"关系"去发现和挖掘

"熟人社区"的私密性和以市场为基础的经济关系网络的分散、小规模和多样化，都说明了我国企业在其社会关系与经济关系的网络中内生着强大的社会资本。但这些社会资本主要以非正式制度形式而存在，社会资本的产生具有较强的内部性，对于关系网络之外的其他经济主体，如银行，要想获得并利用社会资本来开展业务（如关系型信贷），必须在自己与企业的社会经济关系网

① Harrison C. White. Where do Markets Come From?, American Journal of Sociology 87, 1981, pp 517 - 547.

络之间建立某种有效的“关系”。这种“关系”将直接影响到银行对企业社会资本的利用程度，也即企业社会资本的实际产出水平。因此，对于地方性银行而言，构建合理的“关系”模式，是开展关系型信贷的前提和保障。

3.4 银企关系价值的外在体现：成本与收益

建立与发展银企关系，需要有效控制融资风险，其最终是为了实现信贷的成本与收益之间的平衡。其中关系的决定因素影响着关系型信贷的效率和效益。在多边的信贷市场中，银企关系具有多维的特征，因此影响银企关系的决定因素也具有多维性。

3.4.1 银企关系的决定因素

在银行主导型的金融体系中，银行因素对信贷关系的建立和发展具有决定性的作用。用 Michael Porter（1947）的“五力”模型，银行竞争力在行业中受到行业竞争者、存款者、信贷者、其他金融机构和信贷替代品等五个因素的影响。银行需要在竞争的信贷市场中形成自身的竞争优势，而实现低成本的竞争优势关键在于信贷关系中软信息的获得。

信贷资金的需求者即信贷的客户，在信贷关系管理中处于弱势。尤其是中小企业融资渠道相对单一，企业竞争能力相对大型企业而言较弱，其进入信贷关系市场成为信贷关系中的核心客户难度较大。要提升自身的融资能力，主要取决于自身的较高投资的预期、信用评价和公司管理效率，这也影响着与信贷机构建立的信贷关系强度。客户的投资预期和信用评价是建立和维护信贷关系的基础，体现关系型信贷互惠共赢的特征。信用评价是对投融资风险的客观评价，也决定着长期合作契约的签订和信贷关系维持的预期。信贷关系的决定因素中，公司的管理效率也起到重要的作用。企业的管理效率与公司的治理结构和管理结构相关，它决定着投融资预期的实现，影响着公司的信用评价。

信贷的市场环境是信贷关系建立的基础，主要包括了市场的竞争环境，市场的监管制度和信贷关系的发展规律等。信贷市场的制度环境为信贷关系的建立和发展提供了保障。有效的市场制度环境有利于促进信贷关系的良性管理，科学的信贷市场监管确保了信贷关系的合法发展，因此信贷市场的制度环境决定着“关系”的质量。信贷关系维护需要有良性的市场竞争环境，发挥对信贷双方优胜劣汰的市场机制。信贷的市场作为金融市场的一部分，在社会经济发展中扮演着重要的角色，其受到国家宏观调控的影响，也影响着信贷市场中信贷双方选择性建立关系。信贷市场中的信贷关系互动是多个社会关系网络之间的互动，关系网络的扩散程度也对信贷关系的维系起到积极的作用。

3.4.2 关系收益分析

信贷关系双方在交易合作中的共赢性博弈关系最终体现为信贷关系双方收益的实现。关系收益可以分为关系租金和合约收益，其中关系租金又包含了信息租金、跨期优化租金和声誉租金等，包括信贷资金供给者、信贷资金需求者的收益和信贷关系双方总体收益的总和。关系收益的变化受信贷市场供需关系的影响，取决于长期信贷关系的维持获得的信贷主体的软信息的详尽程度和长期信贷关系维持的质量高低。

关系型信贷是在软信息溢出效应加剧时，为弥补非对称信息的信贷市场机制失灵而产生的，降低交易成本成为其主要目标。关系收益中包含了关系效应获得的信息租金。这种信息租金可以通过对关系中信息的重复利用来确定其大小。对长期的关系管理而言，信贷双方或者多方通过关系的长期判断，用信贷资金援助的方式来获得信贷的跨期优化租金，也成为关系租金的重要组成部分。跨期优化租金的大小取决于企业团体之间的关系强度、企业资金实力和对团体总体收益的预期。企业团体之间的相互监督和约束保证了企业团体的良好声誉，从而产生了声誉租金，成为关系租金的一部分。另外，关系型信贷更容易形成长期合约，产生合约租金。合约租金可能是显性租金，也可能是隐性租金，显性租金主要形式有长期的信贷额度授予、信用贷款合约等。

银企关系收益可以通过以下方式获得。一是增加资金的可得性。资金的可得性与资金需求者自身竞争能力、信贷关系强度和融资渠道是否多元化等相关。由于新的信贷资金需求者关系风险的未知，信贷资金供给者更倾向对现有关系客户提供或扩大信贷，并提供多元化的金融服务。二是降低信贷利率。长期的关系管理和可重复利用的信息，降低了客户的信用评估成本，因此可以降低信贷利率。市场化的信贷利率除信贷关系的强度和信用评价之外，还取决于信贷资金供给与需求之间的平衡关系。在相对比较集中的信贷市场中，由于信贷双方关系能实现持久化，企业更容易从银行中获得较低利率的信贷产品。三是降低担保条件。长期的信贷关系中包含了隐性的较高的信用评价，因此信贷的担保要求会逐步降低。四是提高风险控制能力，降低风险程度。风险控制是确保关系收益的内在要求，信贷资金供给者也越来越倾向于通过对信贷资金需求者企业管理的干预，来控制信贷风险。

3.4.3 关系成本分析

关系型信贷的关系成本指维持与信贷客户的信贷关系所需要的非利息性成本。信贷市场化的过程中，信贷关系成本的衡量关键因素在于信贷主体对于信贷关系的依赖程度，其中最主要的是预算软约束和锁定成本问题。

面对前期成本变成沉没成本，贷款人为防止借款人破产清算，在对借款困境的解决预期进行评判的基础上，偏向于选择继续向资金需求者提供融资和再融资，以帮助其渡过暂时性困难。这种决策使得其关系成本超出了预期收益的范围，产生预算软约束问题。银行可能在各个时期分担融资成本获得投资的净收益，在成本收益不均衡的情况，也会向困难企业提供暂时性融资服务。

关系型信贷主体之间通过关系管理建立了过于紧密的利益关系，而因此错过更好的投融资机会和新的合作契约关系建立机会，导致出现了锁定成本，也即“套牢”（Holdup）风险。随着信贷关系的边际收益下降，原有的信贷关系对于融资方而言不再具有吸引力，反而造成融资方被锁定在原有的信贷关系上，出现价值的减损。另一方面，由于信贷资金供给者对软信息的垄断控制导致借款人也产生关系锁定成本。在相对单一的信贷市场，投融资主体缺乏有效的关系互动，使得投融资渠道单一，这种双边的信贷关系容易导致锁定成本上升。随着信贷市场的进一步发展和信贷市场竞争的引入与加剧，投融资主体开始多边关系的扩散，投融资渠道多元化使减少锁定成本成为可能。多边信贷关系可能出现信贷市场的过度竞争降低，信用出现恶化。这就出现需要用投融资主体的信誉来降低锁定成本的情况。

本章小结

本章立足本书研究的另一技术维度——社会关系学，来探讨关系型信贷最为核心的纽带——“关系”。

人在社会经济中扮演着“经济人”和“社会人”的双重角色。作为个体具有经济能力的人将经济行为嵌入社会关系之中。关系是人类社会经济关系中客观存在的，它具有互惠性、稀缺性和扩散性的特征。因此，关系型信贷的“关系”是指银行与贷款客户及其群体之间，在业务交往中逐渐建立起来的，开展内部信息交流和形成相互约束力的纽带。

“关系”的本质是信任。“关系”是隐性的，非合约化的，“关系”的建立是基于人与人之间的信任，是在长期合作中逐渐建立起来的，一般随着时间的推移，“关系”由于信任的增加而产生累加。信任是人们在社会活动和交往过程基于对对方以及交往行为能产生合意的结果的相信而形成的一种理性化的交往态度，是基于对自己的包括利益、人身、名誉等在内的安全的考虑和行为结果的预期而形成的一种价值心理机制。我国传统的乡土社会所形成的基于血缘、族缘和地缘关系的人格信任，构成了费孝通先生所说的“差序格局”。而随着经济交往的频繁，以经济关系所形成的信任不断增强，信任结构趋向多元化。

“关系”的价值是社会资本。社会资本是指在信任基础上所形成的社会资源。社会资本由关系网络和区域社会文化共同构成，社会关系网络和经济关系网络是社会资本的外在表现，而信息共享、协调行动与声誉约束是社会资本的内在功能。在我国，以人格信任所形成的社会关系网络，以及人格信任重要影响的经济关系网络共同决定了我国当前的社会资本。我国企业的社会资本具有以下三个特点：（1）社会关系网络由以“熟人社区”为核心的社会关系网络和以市场为核心的经济关系网络共同形成的；（2）社会资本以非正式框架为主体，正式框架为补充；（3）社会资本的产出更需要“关系”去发现和挖掘。因此，对于地方性银行而言，构建合理的“关系”模式，是开展关系型信贷的前提和保障。

在银企关系中，关系的收益可以分为关系租金和合约收益，其中关系租金又包含了信息租金、跨期优化租金和声誉租金等。关系收益获得方式有：（1）增加资金的可得性；（2）降低信贷利率；（3）降低担保条件；（4）提高风险控制能力，降低风险程度。关系成本衡量的关键因素在于信贷主体对于信贷关系的依赖程度，关系成本主要有预算软约束和锁定成本。

4

关系型信贷的“关系”度量

接下来，本书需要在实证上说明在关系型信贷中，“关系”确实存在并对企业贷款可获得性和贷款定价水平产生影响。为此，首先要对“关系”本身进行度量，并从“关系”对企业贷款可获得性影响中来检验“关系”的存在。而“关系”对企业贷款利率水平的影响是“关系”的应用价值，将在下一章中进行分析。

4.1 “关系”强度及其度量方法的比较

4.1.1 “关系”强度

关系型信贷的“关系”大小称之为关系强度（Sterngth），它是衡量银企之间建立关系的紧密程度。无论是社会学视角还是经济学视角，“关系”都是一个复杂的系统网络。从理论上看，网络中的多维关系都构成关系强度的组成部分。因此，关系强度是一个虚拟变量，一般在统计时常用其他的能直观地反映双边或多边关系大小且能简单地统计出来的变量来替代。

4.1.2 “关系”强度的度量方法

关系强度的度量是关系型信贷理论研究的一个难题，一方面，关系强度本身没有明确的范畴；另一方面，反映银企关系紧密程度的许多指标难以量化或取得完整的数据。常见的实证研究基于样本数据的可获得性，选择一个或几个变量作为代理变量来反映关系强度，并以此来确定关系强度的指标内涵。国内外的相关文献中，采用的关系强度代理变量一般是关系长度、关系距离、关系深度和关系规模。

(一) 关系长度

1. 关系长度的度量与应用

关系长度(Length)是关系型信贷关系度量最常用的简单方法。关系长度是指银企关系的持续时间，常用银行与企业发生融资关系的持续期限(年)来计量。关系长度越长，表明关系对银企两者而言都更为重要，则银企关系强度更强。一般而言，关系持续时间越长，银行与企业之间有更为充分的信息交换，彼此有较全面的了解，越能有效地降低信息不对称问题，增强银行对企业的约束力，提高企业的贷款可获得性。同时，关系长度越长，越有利于银行内化企业信息，提升企业转换银行的成本。

童牧(2004)将相关文献做了综合，本书引用他的研究成果，并通过对原文献的查阅，以表格(见表4-1)形式进行对比分析，并得出如下结论：

表4-1　　关于关系型融资中关系长度的实证研究

文献	国家	样本时间	样本规模	企业规模平均值(中位数)	关系的长度平均值(中位数)
Cole(1998)	美国	1993	5 356	账面资产：1.63	7.03
Blackwell & Winters(1997)	美国	1988	174	账面资产：13.5	9.01
Peterson & Rajan(1994)	美国	1987	3 404	账面资产：1.05(0.3) 雇员数：26(5)	10.8
Angelini et. al(1998)	意大利	1995	1 858	雇员数：10.3	14.0
Harhoff & Kŏrting(1998)	德国	1997	994	雇员数：40(10)	12
Elsas & Krahnen(1998)	德国	1992—1996	125	销售额：(30—150)	22.2
Ongena & Smith(1998)	挪威	1979—1995	111	市值：150	(15.8—18.1)
Zineldin(1995)	瑞典	1994	179	雇员数：(<49)	(>5)
Sjŏgren(1994)	瑞典	1916—1947	50	最大型企业	>20(5—29)
Deryse & VanCayseele(1998)	比利时	1997	1 776	雇员数：(1)	7.82
Horiuehi et. al(1988)	日本	1962—1972 1972—1983	479 668	最大型企业	(21) (30)

注：表中的样本规模为企业的数目；企业规模的单位为百万美元或人数。

资料来源：综合童牧(2004)的文献综述及查阅相关原始实证文献所得。

(1) 企业规模与银企关系长度存在较大的正相关关系。一般而言，企业规模越大，银企关系的持续时间越长。可以解释如下：一是企业规模大，其倒闭、破产的可能性会小些，银行越会努力维持与企业的关系；二是企业规模大，且银企关系维持较长的时间，说明企业在这期间有了较好的发展，是在众多中小企业或微型企业的发展中保留下来的，有相对较好的市场发展前景，与银行之间存在较好的合作关系。而许多小微企业与银行维持一段时间的关系后，由于其发展能力差、规模增长慢，逐渐被市场淘汰，其银企关系长度就短。因此，选择关系长度指标来度量银企关系强度的方法，对不同规模的企业具有较强的适用性。

（2）不同国家、不同金融体制与经济社会环境下，银企关系长度存在较大的差异。上述资料中显示德国、日本的银企关系长度要好于美国，这与德国的主办银行制和日本的主银行制密切相关。相对德国、日本，美国银行市场的竞争水平更高，银行与企业保持的关系时间明显要短。因此，关系长度指标在跨国之间的银企关系度量与比较分析中缺乏相应的现实意义。

（3）实证分析的结果总体上支持了关系长度与企业贷款可获得性之间的正向关系，即银企关系持续时间越长，则企业越有可能从银行获得贷款，且贷款条件也会改善，如 Peterson 和 Rajan（1994），关系长度成为对银企关系强度比较有解释力的重要指标。但也有部分实证研究没有支持关系长度的正向作用，如 Blackwell 和 Winters（1997）在分析美国两家银行控股公司后认为，关系长度没有改善企业贷款可获得性，也没有影响贷款利率。Deryse 和 VanCayseele（1998）发现银企关系长度不能持续增长，原因是关系时间越长，贷款条件反而恶化。或者是关系在建立初期对贷款可获得性具有正向作用，但随着关系长度的增加，其作用不断衰落或不起作用。也有部分研究将关系长度指标进行分解，来进一步分析关系长度的作用机制，如曹敏等（2003）以企业“年龄”与“合作关系”两个角度来度量广东外资企业与银行的关系强度。

2. 以关系长度来度量关系强度的不足

（1）关系长度的代表性问题。其一，选择关系长度变量在不同国家、不同银行及不同企业样本之间缺乏比较的有效性，关系长度长，但不一定说明该企业与关系银行之间有较充分的信息交换；其二，除了关系长度外，影响银企关系强度的因素有很多，如银行市场定位、企业规模、区域银行市场特征与竞争等，这些因素可能成为关系强度的主要自变量，而上述研究中缺乏排他性的实证分析支持。

（2）数据截面问题。关系长度衡量常以某一时间点为截面来获取相关数据，在这个截面数据中，有银企关系时间很长的企业，也有时间短的企业，这些企业之间千差万别，银行所掌握的信息有发展能力、盈利能力、业主素质等，单以关系长度来度量，难以较准确地反映关系对银行贷款决策的影响。

（二）关系距离

关系距离（Distance）是指银行与企业之间的空间距离。以空间距离来衡量关系的大小，是依据社会学的社会资本理论，将银行作为社会经济组织嵌入到社会关系中。在相对开放度不高的社会关系网络中，社会关系强度与双方的距离存在一定的正相关关系。同样在一个较为封闭的社会关系网络中，企业与银行的空间距离越近，则双方的信息交换越充分，相互之间的关系就越紧密，企业就越能获得银行的贷款或得到更好的贷款条件。

在开放的经济关系网络中，各经济主体可以自由地与当地的银行形成业务关系，以空间距离来度量银企关系强度，缺乏理论逻辑上的有效性。首先，一家银行（支行）所服务的区域要比社区的范围大，银行服务于多个社区，不同社区之间的网络关系存在较大差异，其信息产出也有差异；其次，在一家银行（支行）的服务区域内，一般会有多个市场、企业集中地或集群，它们的内部信息产出水平、内部之间的网络关系紧密程度和相互合作与控制能力不一定与其跟银行的空间距离成正比；最后，每家银行（支行）都存在一定的服务空间边界，在边界内，难以说明其服务能力是随着距离的变长而降低。

同时，实证研究并不支持关系距离是解释关系强度的有效变量。一方面，一些研究表明企业与银行的空间距离与其贷款申请被批准并不相关，如 Cole 等（2004）；另一方面，也有一些研究表明，银行信贷技术的不断进步，特别是银行采用电子信息技术服务于信贷业务，但银行业务服务的空间距离却变化不大（如 Degryse & Ongena，2003；Brevoort & Hannan，2003），银行仍是在原有的空间中不断挖掘新客户，在一定的空间内（如一家支行的服务区域内）银行在开发客户中并没有考虑企业与银行空间距离的远近，或者是将其作为很重要的因素。

（三）关系深度

关系深度（Depth）是指银行与企业之间在业务与管理上的结合程度。关系深度是一个相对抽象的指标，常用业务深度和决策深度来替代。业务深度是指关系银行利用关系对企业进行金融业务开发的程度，也即关系银行与企业之间的金融业务往来水平，一般以除贷款之外的其他业务（主要是存款业务、中间业务）发生情况来衡量。决策深度是指关系银行对企业决策的介入或控制程度。

从理论上讲，关系深度是度量关系强度的理想指标。银行与企业之间业务越紧密，银行为企业提供更多品种的金融服务，银行就越能了解企业的实际情况，就拥有越多的私人信息。另外，银行与企业之间有更深的决策深度，则银行能实质性地参与到企业的公司治理结构中，参与到企业的各项投融资决策中，能实现对企业真实信息的获取和实际控制。因此，关系深度高，更能解决银企关系中的信息不对称问题，最大限度地提高企业贷款的可获得性。

但在现实中，关系深度难以成为有效的指标来度量关系强度。其一，银行可以为企业提供除存贷款之外的其他业务，特别是中间业务，但这些业务很难量化。其二，银行为企业提供多样化业务服务的前提是企业有实质性需求，而企业对银行不同业务服务需求与企业的规模等有很大关系，不同规模的企业样本之间缺乏比较价值。其三，在特定的金融体制下（如日本、德国），关系银行能通过在董事会中占有席位或直接持有投票权股份来参与到企业的公司治理结构中，或通过董事聘任、核心岗位选派（如审计岗位等）等来实现对企业的控制或部分控制。在这种体制下，选取相关反映决策控制力指标来度量银企关系强度是有意义的。但是，在我国的金融体制下，关系银行或在职银行员工还不能通过正常渠道实现对企业的决策控制（董事的关联贷款仅是个别现象，不能作为一种关系深度模式进行实证研究）。个别文献采用有银行工作经验的员工（从银行辞职或退休员工）进入企业管理层来衡量关系深度。

（四）关系规模

关系规模（Scope）是指与一家企业保持融资关系的银行数量。一般来说，企业与银行的关系规模与企业的资产规模、业务经营特性（如跨国业务经营、跨区域经营、多样化业务经营等）相关。一定规模以上的企业大都会与多家银行建立关系，大型企业、跨国经营企业、跨区域经营企业或有多个主营业务的企业，其与银行的关系规模要大，而小企业与银行的关系规模要小，特别是微型企业、个体工商户等，可能只与一家银行保持着融资关系。

同样引用童牧（2004）的研究成果，并通过对原文献的查阅，以表4－2（去掉不反映集中度指标的相关文献）来反映。

表4－2　关于关系型融资中关系规模（集中度）的实证研究

文献	国家	样本规模	企业规模平均值（中位数）	关系规模平均值（中位数）	集中度
Ongena & Smith（1998）	意大利	70	销售额：1 500	15.2	35.9
Barth（1997）	葡萄牙	43	750	11.5	38.1
	法国	25	1 500	11.3	63.6
	比利时	10	3 500	11.1	44.4
	西班牙	68	1 500	9.7	50.1
	德国	67	3 500	8.1	89.5
	希腊	41	750	7.4	98.3

续表

文献	国家	样本规模	企业规模平均值（中位数）	关系规模平均值（中位数）	集中度
Barth（1997）	奥地利	37	1 500	5.2	61.4
	卢森堡	8	375	5.0	17.2
	芬兰	89	750	3.6	93.8
	瑞士	39	3 500	3.6	79.8
	丹麦	51	750	3.5	63.7
	荷兰	49	1 500	3.5	63.7
	爱尔兰	67	750	3.2	93.6
	英国	142	1 500	2.9	29.1
	瑞典	50	1 500	2.5	86.6
Nordal at. al（1995）	挪威	41	750	2.3	48.8
Horiuchi（1993，1994）	日本	126/309 175/189	<300/>300（雇员数） <10/>10（雇员数）	3.4/7.7 2.9（3）/3.1（3）	28.3
Peterson et. al（1995）	美国	3404	1.05（0.3）（账面资产） 26（5）（雇员数）	1.4（1）	13.3

注：表中的样本规模为企业的数目；企业规模的单位为百万美元或人数。集中度指标为银行体系中最大三家银行资产在银行业总资产中所占的比重（1993 年数据）。

资料来源：综合童牧（2004）的文献综述及查阅相关原始实证文献所得。

在分析关系规模这一变量时，必须要考虑关系集中度指标。关系集中度是指关系银行对目标企业的融资额度占所有银行给目标企业的融资总额的比重，常用 Herfindahal 指数来衡量。Herfindahal 指数是测算每个银行向目标企业提供的融资额占目标企业从各家银行的融资总额比重的平方和，计算公式为

$$H_i = \sum_{i=1}^{m} \left\{ \frac{L_i}{\sum_{i=1}^{m} L_i} \right\}^2$$

其中，i 为融资银行个数（$1 \leqslant i \leqslant m$），$L_i$ 表示第 i 个银行给目标企业的融资额。

也可以选择融资额最大的一家或几家银行所占目标企业总融资额的比重来反映关系集中度，两种统计方式产生的结论基本一致：关系规模越大，则关系集中度越低；关系集中度既跟区域内银行的垄断程度有关，也与样本企业的规模大小有关。关系集中度更高的信贷市场有利于银行维持与中小企业的关系，可以为中小企业提供更多的贷款。Elsas 等（2004）的研究成果在说明关系规模（集中度）上有很强的解释力，他们通过构建最优负债结构模型，得出中小企业可以与多家银行发生关系并取得贷款，只要这些贷款是不对称分布，就可以平衡与

关系型银行的合作风险。也就是，企业从关系银行那里取得主要的贷款，而从其他的多家银行借得少量贷款，这是维持关系型信贷关系的最佳选择。

总体来看，企业与多家银行存在关系会对其贷款可获得性产生负面影响，其中大银行的决策具有统计上显著性，而小银行决策在统计上不显著，其解释是银行一般愿意成为企业独占性的金融服务提供者，即关系规模与企业的贷款可获得性负相关，其结论也支持了关系型信贷有利于企业的贷款获得（如 Cole et. al，2004）。但也有一些研究认为，企业与多家银行保持融资关系，一方面在银企市场中引入竞争机制，增加资金供给的潜在竞争对手有利于企业获得更为合理的资金成本，减少了关系银行索取垄断租金的可能性（如 Carletti，2004）；另一方面将分散风险，降低银行因关系企业局部危机产生的风险集中转嫁，也降低因银行承受关系企业风险而向其他企业转嫁风险的可能性，有利于企业的整体稳定经营。

4.2 “关系”强度的度量

在充分吸收已有文献所取得的相关研究成果的基础上，本书采用直接构建“关系强度”虚拟变量，将反映关系长度、关系规模和关系深度的相关指标进行加权综合，来全面反映银企关系的紧密程度。

4.2.1 关系强度变量的建立：理论分析

（一）选择构建关系强度综合变量的理由

1. 综合关系长度、距离、规模、深度等指标来全面反映银企关系紧密程度。第一节的分析得知：以关系长度、关系距离、关系规模或关系深度中的任一指标来反映银企关系紧密程度，都存在一定的片面性。若能采用综合性变量，将以上能反映关系紧密程度的变量以一定结构进行组建，从理论上讲能更全面反映银企关系的实际情况。

2. 考虑数据的可获得性。在构建关系强度变量时，数据的可获得性是现实因素。通过本书的调研，可以得出反映银企关系且能较好地度量的若干变量，因此具备构建综合变量的客观条件。

（二）关系强度变量的构建思路

1. 不采纳关系距离的指标。从前面的分析得知，关系距离指标对关系紧密程度具有较差的解释能力。另一方面，关系距离数据很难获取。

2. 采用关系长度、关系规模、关系深度的相关指标，并将三类指标进行综合来构建“关系强度”虚拟指标。

4.2.2 样本分析

（一）样本总体情况

本次调查对象为浙江一家地方性商业银行，从该行2012年12月1日至2013年1月21日期间所发放的短期贷款（6个月以内，包括6个月）客户中随机抽取了163个客户，并通过银行的内部贷款调查、审查系统得到目标客户的相关数据。样本的具体数据详见书后附表1样本数据一览表。

另外，本书在调查中还随机查找了100家向银行提出贷款申请但最终未得到贷款的客户数据（2012年12月1日至2013年1月21日）。由于这些客户的相关数据严重不足（特别是在申请登记阶段就被银行以初步调查不符合要求为理由而拒绝的客户），因此，这100家客户的数据只有银行拒绝贷款的理由（见表4-3），这些客户数据无法纳入实证分析中。

表4-3 被银行拒绝贷款的客户分布情况（2012.12.1—2013.1.21）

（a）拒绝类型分布 单位：家，%

序号	拒绝类型	数量	占比
1	申请登记时拒绝	86	86
2	贷款审批时拒绝	14	14
合计		100	100

（b）拒绝的理由分布 单位：家，%

序号	拒绝理由	数量	占比
1	客户信用风险大（客户有赌博、吸毒等不良偏好，有较大的风险偏好，且业主不可控因素大）	17	17
2	客户负债高	24	24
3	客户有民间借贷，或债务关系复杂	9	9
4	客户有不良信用记录（征信），或以前申请贷款被拒绝且情况没有好转	5	5
5	客户经营不稳定，或无经营主业	10	10
6	客户经营连续亏损，主业前景不明	4	4
7	贷款用途风险大	16	16
8	客户不能提供良好的担保，或所提供的保证人因对客户没有信心而拒绝担保	4	4

续表

序号	拒绝理由	数量	占比
9	客户主动放弃（本行愿意提供贷款，但因客户嫌额度小或期限、利率等条件而主动放弃贷款）	3	3
10	其他因素	8	8
合计		100	100

（二）样本特征

1. 客户类型

163 家客户中，其中 134 家为银行以个人名义发放的贷款，另 29 家以企业名义发放贷款（见图 4－1）。实际上，这些个人大多是小微企业，银行偏好向个人贷款，由个人负有偿还的无限责任。另外，所有样本客户的贷款都是保证贷款。理由：一是小微企业缺乏良好的抵质押物；二是该银行在额度不大的贷款中偏向采用保证贷款，认为保证人具有主动约束借款人履约的作用。第 5 章第 5.3 节对保证贷款的激励机制有专门的分析。在 163 家客户中，有 61 家客户的基本户开在本行，占所有样本数的 37.42%。

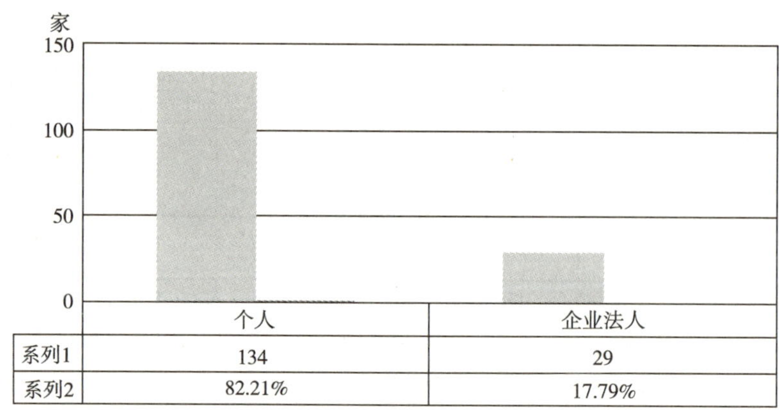

图 4－1 客户类型分布

2. 客户资产实力

样本客户的平均资产规模为 1 296 万元，其中资产最多的为 17 518 万元，最少的为 43 万元，其分布见表 4－4。需要说明的是，样本客户的总体资产规模偏大，与我们对地方性银行主要服务于小微企业的定位有所不符。经与银行沟通，主要有两种原因：一是中小企业、个体经营者及农户的个人财务与经营性财务很难区分，加上银行偏好对业主贷款（为无限责任），因此，客户的资产既包括企业法人的财产，也包括个人财产（如房产、汽车等），故其资产总额偏大。二是样本选择的问题。样本选取时间是 2012 年 12 月 1 日至 2013 年 1 月 21 日，是年末与春节前时间，这段时间内会有许多相对资产规模大的客户，在银行申请小额贷款用于年底结算及发放职工薪金与资金。

表 4－4　　客户资产实力分布表

100 万元以下（含）	12	7.36
100 万～500 万元（含）	61	37.42
500 万～1 000 万元（含）	29	17.79
1 000 万～5 000 万元（含）	54	33.13
5 000 万～1 亿元（含）	2	1.23
1 亿元以上	5	3.07
合计	163	100.00

3. 贷款金额与满足率

样本中贷款最高额度为 800 万元，最低为 1 万元，平均贷款额（单笔）为 65.18 万元，符合“额度小、分散”的贷款市场定位。各区间分布见表 4－5。以本次实际在本行得到的贷款与其申请的贷款额对比来测算贷款满足率指标，则样本客户的平均贷款满足率为 76%。

表 4－5　　贷款额度分布表

贷款分类	家数	占比（%）
500 万元以上（不包括 500 万元）	1	0.61
300 万～500 万元（包括 500 万元）	1	0.61
100 万～300 万元（包括 300 万元）	26	15.95
50 万～100 万元（包括 100 万元）	27	16.56
10 万～50 万元（包括 50 万元）	78	47.85
5 万～10 万元（包括 10 万元）	15	9.20
5 万元以下（包括 5 万元）	15	9.20
合　计	163	100.00

4. 与该银行合作时间及贷款次数

样本客户平均与本行的合作时间（以最初开户时间开始计算，以整数计，不满一年的计为一年）为 3 年，最长合作时间为 11 年。其中合作时间 10 年以上者有 2 家，占比为 1.23%；合作时间 5 至 10 年（含）的有 11 家，占比为 6.75%；合作时间为 3 至 5 年（含）的有 47 家，占比为 28.83%；合作时间为 1 至 3 年（含）的有 74 家，占比为 45.40%；合作时间 1 年以内的有 29 家，占比为 17.79%。本次调查中发现有两个因素影响了银企合作时间。一是企业成长与银行市场定位问题。调查中发现，一些当地的企业经过几年发展壮大后，会选择与全国性银行发生金融业务关系，在该银行的贷款出现减少。二是银行在5年前进行全面系统升级，也有少量客户因重新登记而出现合作时间漏记的问题。

样本客户平均在该银行贷款的次数为3次，最多的客户贷款次数为21次，其中贷款10次以上的客户为8家，占比仅为0.5%，主要与前面分析的两个原因有关。

5. 客户与银行合作的关系规模及在该银行的贷款集中度

平均来看，所有客户除在该银行申请了贷款后，当前还在其他2家银行成功申请了贷款（在贷款期间内，目前未归还）。其中最多的客户在其他9家银行申请了共计3 065万元贷款；另有两个客户在其他7家银行申请了贷款。

以“该银行贷款（包括本次贷款）÷客户全部贷款余额”来计算贷款集中度，则样本客户的平均贷款集中度为44%。

6. 积数比（存款贷款积数比）

这里的积数比是指样本客户在该银行的存款积数与其申请贷款的积数之比。第5章第5.2节中对积数定价法的理论分析与现实意义做了专题分析，认为积数定价法实际上是一种关系定价模式，对隐性长期关系合约的形成具有积极作用。本书将积数比视做衡量关系深度的指标。样本客户的最高积数比达到2，最低不足0.1。因积数比仅仅是一个区间数字，现有数据下无法测算均值。

样本的其他数据与特征将根据需要在第6章中进行介绍，本章主要介绍与关系强度度量及检验有关的样本数据与特征。

4.2.3 关系强度实证度量

（一）实证的基本思路

1. 测度设计思路

关系型信贷的关系度量用关系强度指标来衡量。理论上关系强度为关系长度、关系规模、关系距离和关系深度四个关键因素共同作用的结果，前面的分析已排除了关系距离，因此本书认为，关系强度指标由关系长度、关系规模和关系深度共同决定。

综合前面的分析，本书认为，影响关系长度、关系规模和关系深度的因素主要包括“银行与企业之间合作时间长短”、“在该银行发生贷款次数的多少”、“企业是否为银行的基本户”、“融资的银行数”、“在该银行的融资集中度”和“存款贷款积数比”等六个方面。要测算出关系强度，首先需要将上述六个主要影响因素通过一定的测算方法整合为三个关键因素，然后再由三个关键因素通过三者各自对关系的影响作用大小，综合得出关系强度。因此，其基本思路可由图4－2示意。

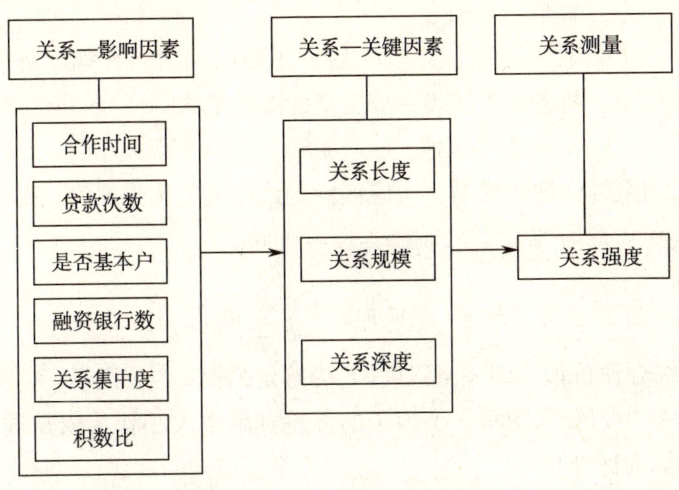

图4－2 关系强度度量模型

2. 实证方法选择及算法原理

本书采用因子分析综合评价方法来测算关系强度。因子分析是通过研究多个变量间相关系数矩阵（或协方差矩阵）的内部依赖关系，将所有变量综合为数量较少的几组变量，称之为因子，使得同组内的变量具有较高的相关性，不同组间的变量具有较低的相关性，各个因子间互不相关，所有变量都可以表示成公因子的线性组合，并用这少数几个因子再现原始变量所包含全部信息的一种多元统计分析方法。

采用因子分析综合评价方法测算关系型信贷中关系强度的基本算法原理可表示如下：

首先，设有 P 个影响关系强度的指标，记为 $X=(X_1, X_2, X_3, \cdots, X_p)$ T，对原始数据进行标准化处理，在此基础上将上述变量表示为 m 个公因子 $F=(F_1, F_2, \cdots, F_m)$ T 的如下线性组合：

$$X_i = a_{i1}F_1 + a_{i2}F_2 + \cdots + a_{im}F_m + \varepsilon_i \qquad (i = 1,2,\cdots,p)$$

上述模型称为初始因子模型。矩阵 $A=(a_{ij})$ 称为因子载荷矩阵，a_{ij} 为因子载荷，其实质为公因子 F_i 和变量 X_j 的相关系数，反映了第 j 个变量 X_j 对于第 i 个公因子 F_i 的重要性。

估计公因子 F_i 的方差贡献率、因子载荷系数等参数，确定公因子个数。参数估计的方法主要有主成分法、最大似然法、最小平方法等。由于因子分析要求提取出的公因子要有实际含义，当各因子的意义不明显时，还需要通过旋转处理的方式使得因子载荷矩阵中系数更加显著。公因子个数主要根据特征值大小或者累积方差贡献率来确定。

其次，求出关系强度的公因子 F_j 后，还要用回归估计等方法求出各因子得分的数学模型，将各公因子表示成变量的线性形式：

$$F_i = b_{j1}X_1 + b_{j2}X_2 + \cdots + b_{jn}X_n (j = 1,2,\cdots,m)$$

最后，构造综合评价模型，实施评价，计算出关系强度值。用于综合评价的第 i 个公因子 $F_i' = \sum c_{ij}x_j$，则综合评价模型为

$$F = \sum_{i=1}^{m} W_i F_i' = \sum_{i=1}^{m} \sum_{j=1}^{p} W_i c_{ij} x_j$$

其中，F 为综合评价值，即关系强度，F_i'为确定的第 i 个公因子；W_i 为因子的权重，综合评价中习惯采用每一个因子的方差贡献率大小作为权重进行加权；x_j 为第 j 个指标的标准化值。

（二）关系强度的度量

1. 实证研究方法的适用性检验

采用因子分析综合评价方法来测量关系型信贷的关系强度，首先需要对影响关系强度的各因素变量合作时间（X_1）、在本行贷款次数（X_2）、是否基本户（X_3）、融资银行数量（X_4）、关系集中度（X_5）和积数比（X_6）是否适合因子分析进行适用性检验，检验的指标主要包括 KMO 和 Bartlett 检验，KMO 检验各因素变量间的偏相关是否较小，Bartlett 检验判断相关阵是否为单位阵。运用 SPSS18.0 软件对 163 份问卷数据的检验结果显示，KMO 值为 0.786，Bartlett 检验结果显著（sig. =0.000），这表明拒绝各变量独立的原假设，即变量间具有较高的相关性，但是 KMO 值较大，表明变量间信息的重叠程度较高，因此适合进行因子分析（见表 4 -6）。

表 4 -6　　KMO 和 Bartlett 的检验

取样足够度的 Kaiser – Meyer – Olkin 度量		0.786
Bartlett 的球形度检验	近似卡方	339.575
	df	15
	Sig.	0.000

2. 因子分析结果

在因子分析过程中，本书根据上述六个因素变量的相关系数矩阵计算特征值、方差贡献率和累计方差贡献率，采用主成分方法提取公因子；同时为了使

因子载荷矩阵中的系数更具显著，采用方差最大正交旋转方法对因子载荷矩阵进行旋转；在提取公因子时，习惯上可根据累计方差贡献率和公因子特征根的大小结合起来选取。本书在实证分析过程中发现，前三个公因子的累积方差贡献率达到81.462%，超过80%，且特征根较大，因此最终决定提取三个公因子（见表4－7）。

表4－7　　解释的总方差

成分	初始特征值			提取平方和载入			旋转平方和载入		
	合计	方差（%）	累积（%）	合计	方差（%）	累积（%）	合计	方差（%）	累积（%）
1	2.303	38.380	38.380	2.303	38.380	38.380	1.946	32.435	32.435
2	1.798	29.967	68.347	1.798	29.967	68.347	1.810	30.169	62.604
3	0.787	13.115	81.462	0.787	13.115	81.462	1.132	18.858	81.462
4	0.631	10.516	91.978	—	—	—	—	—	—
5	0.274	4.559	96.537	—	—	—	—	—	—
6	0.208	3.463	100.000	—	—	—	—	—	—

提取方法：主成分分析。

变量共同度用于表示各变量中所包含原始信息被提取的公因子所表示的程度，从提取三个公因子后计算得到的变量共同度可知：几乎所有变量的共同度都在70%以上，因此提取出的三个公因子对各变量的解释能力是较强的（见表4－8）。

表4－8　　变量共同度

变量	初始	提取
合作时间（年）X_1	1.000	0.700
在该银行贷款次数 X_2	1.000	0.859
是否基本户 X_3	1.000	0.734
融资银行家数 X_4	1.000	0.852
关系集中度 X_5	1.000	0.843
积数比 X_6	1.000	0.900

提取方法：主成分分析。

方差最大正交旋转后得到的因子载荷矩阵如表4－9所示，载荷矩阵用于说明各因子在各变量上的载荷，即影响程度。从中可以发现，第一个公因子在 X_1（合作时间）、X_2（在本行贷款次数）和 X_3（是否基本户）三个变量上具有较大的载荷，其主要表现为长度对关系强度的作用，因此将此因子定义为关系长度因子，记为 F_1；第二个公因子在 X_4（融资银行家数）和 X_5（关系集中度）两个变量上具有较大的载荷，其主要表现为规模对关系强度的作用，因此将此因子定义为关系规模因子，记为 F_2；第三个公因子在 X_6（积数比）变量上具有较大的载荷，其主要表现深度对关系强度的影响，因此将此因子定义为关系深度因子，记为 F_3。

表 4－9　　旋转成分矩阵 a

变量	成分		
	1	2	3
在本行贷款次数 X_2	0. 860	0. 191	0. 288
是否基本户 X_3	0. 816	－0. 242	－0. 095
合作时间（年）X_1	0. 713	0. 130	0. 418
融资银行家数 X_4	0. 002	－0. 923	－0. 008
关系集中度 X_5	－0. 019	0. 918	0. 027
积数比 X_6	0. 177	－0. 067	0. 930

提取方法：主成分分析。

旋转法：具有 Kaiser 标准化的正交旋转法。

a：旋转在 5 次迭代后收敛。

经方差最大正交旋转后的三维空间因子载荷图与上述分析的结论完全相同，如图 4－3 所示。

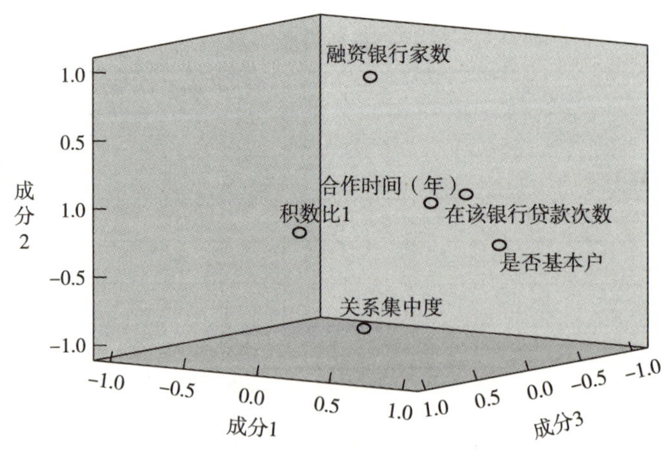

图 4－3　旋转空间的成分图

3. 关系强度的测量

运用因子分析综合评价方法计算关系型信贷中的关系强度包括三个步骤：

一是根据因子分析的结果计算因子得分函数 F_i；二是根据各公因子对应的方差贡献率大小作为计算关系强度权重 W_i 依据；三是将因子得分进行加权，计算得到关系强度。具体计算结果如下：

（1）因子得分函数 F_i 的计算。

常见的计算方法有回归方法、Bartlett 方法和 Anderson – Rubin 方法等，本书采用回归方法计算因子得分函数，SPSS18.0 输出的函数得分系数矩阵结果如下，见表 4 – 10。

表 4 – 10 因子得分系数矩阵

变量	因子		
	F_1	F_2	F_3
合作时间（年）X_1	0.299	0.057	0.200
在本行贷款次数 X_2	0.436	0.089	0.007
是否基本户 X_3	0.550	−0.146	−0.386
融资银行家数 X_4	−0.011	−0.511	−0.018
关系集中度 X_5	−0.007	0.508	0.044
积数比 X_6	−0.213	−0.049	0.943

提取方法：主成分分析。

旋转法：具有 Kaiser 标准化的正交旋转法。

由上述系数矩阵将关系长度因子 F_1、关系规模因子 F_2 和关系深度因子 F_3 表示为 6 个指标的线性形式，分别为

$$F_1 = 0.299X_1 + 0.436X_2 + 0.550X_3 - 0.011X_4 - 0.007X_5 - 0.213X_6$$

$$F_2 = 0.057X_1 + 0.089X_2 - 0.146X_3 - 0.511X_4 + 0.508X_5 - 0.409X_6$$

$$F_3 = 0.200X_1 + 0.007X_2 - 0.386X_3 - 0.018X_4 + 0.044X_5 + 0.943X_6$$

上述三个因子分别从关系长度、关系规模和关系深度反映各个样本银企间的关系强度。

（2）权重 W_i 的确定。

采用因子分析综合评价方法可以按各公因子对应的方差贡献率作为权数计算综合统计量。由于本书选取了前三个公因子，从前面的分析中可以得到，三个公因子的方差贡献率分别为 38.38%、29.967% 和 13.115%，三者累积方差贡献率为 81.462%，将三个公因子按照各自方差贡献率的大小，作归一化处理，计算得到三者的权重分别为

F_1 的权重 $W_1 = 38.38\% \div 81.462\% = 47.11\%$

F_2的权重 W_2 = 29.967% ÷81.462% =36.79%

F_3 的权重 W_3 = 13.115% ÷81.462% = 16.10%

（3）关系强度 F 的计算。

将关系长度、关系规模和关系深度三个公因子，按照上述权重进行加权，便可以计算得到关系强度 F，其计算公式如下：

$$F = W_1 \times F_1 + W_2 \times F_2 + W_3 \times F_3 = 0.4711 \times F_1 + 0.3679 \times F_2 + 0.1610 \times F_3$$

对此次调查回收的163个样本，分别计算得到其关系长度、关系规模和关系深度三个公因子得分，然后加权便可以得到各个样本最终的关系强度，其结果的统计描述如表4-11与表4-12所示。

表4-11　　对163个样本关系强度得分的频数统计结果

关系强度	频率	百分比	有效百分比	累积百分比
≤-1.00	6	3.7	3.7	3.7
-0.99—-0.75	11	6.7	6.7	10.4
-0.74—-0.50	17	10.4	10.4	20.9
-0.49—-0.25	21	12.9	12.9	33.7
-0.24—0.0	29	17.8	17.8	51.5
0.01—0.25	29	17.8	17.8	69.3
0.26—0.50	20	12.3	12.3	81.6
0.51—0.75	12	7.4	7.4	89.0
0.76—1.00	10	6.1	6.1	95.1
1.01—1.50	5	3.1	3.1	98.2
1.51—2.00	2	1.2	1.2	99.4
2.01+	1	0.6	0.6	100.0
合计	163	100.0	100.0	

表4-12　　对163个样本关系强度计算结果的统计描述

关系强度		统计量	标准误
均值		6.62E-17	0.04864
均值的95%置信区间	下限	-0.0960	
	上限	0.0960	
5%修整均值		-0.0283	
中值		-0.0214	
方差		0.383	

续表

关系强度	统计量	标准误
标准差	0.61904	
极小值	−1.16	
极大值	2.55	
极差	3.72	
四分位距	0.70	
偏度	0.740	0.191
峰度	1.488	0.379

（三）实证结果分析

影响银企之间关系型信贷的关系强度的因素众多，但主要受三个方面因素的影响，即关系长度、关系规模和关系深度。其中关系长度取决于银企之间合作时间的长短，在同一家银行贷款次数的多少，以及是否为该行的基本户，在上述因子得分函数 F_1 的计算公式中，X_1、X_2 和 X_3 的系数显著大于零，这表明关系长度与三者之间呈正相关关系，即合作时间越长，在同一家银行贷款次数越多，以及成为该行的基本户，将会增加两者之间的关系长度，从而有助于提升两者之间的关系强度。关系规模取决于融资银行的数量以及融资关系集中度，在上述因子得分函数 F_2 的计算公式中，X_4 和 X_5 的系数显著异于零，其中融资银行数量 X_4 系数显著小于零，融资关系集中度 X_5 系数显著大于零，这表明融资银行数量与关系规模负相关，融资银行数量的越多，其关系规模越大，则关系强度越低；而融资关系集中度与关系规模正相关，即融资关系集中度越高，则关系强度越高。关系深度取决于银企之间的积数比，在上述因子得分函数 F_3 的计算公式中，X_6 的系数显著大于零，表明积数比与关系深度呈正相关，也即较高的积数比意味着银企之间具有较高的关系深度，从而有较高的关系强度。

需要进一步分析的是，对于上述六大指标的归类，"银企合作时间"及"贷款次数"指标归纳为关系长度、提供贷款的"融资银行数量"及该银行贷款占客户贷款总额的"贷款集中度"指标归纳为关系规模等，都与传统文献的归类相一致，被大家所接受。关于用"积数比"指标来反映关系深度的理由及意义，将在第5章作专题分析，此处不作重复。而"是否基本户"指标纳入关系长度，其解释如下：

1. 是否基本户是衡量关系强度的指标之一。一般而言，基本户能为银行提供更多的企业业务往来信息，是关系维系的重要渠道。因此，是否基本户应纳入衡量关系强度指标之中。

2. 从表面看，是否基本户与银企关系建立的时间长短没有必然联系，但从长期考虑，企业将基本户开在某家银行，一般意味着该企业将选择与该银行建立长期的合作关系，有利于未来银企关系的持续保持或深入。因此，将是否基本户指标纳入关系长度指标之中有一定的解释力。

4.3　“关系”强度的实证检验

在建立关系强度测算模型并对样本中各客户与银行的关系强度进行测算后，有必要通过分析关系强度对企业贷款可获得性的影响，对关系强度测算的有效性进行检验。

4.3.1　基本假设

1. 关系型信贷中，企业与银行之间的关系强度与企业从该银行获得贷款的容易程度相关，即关系强度与企业贷款可获得性正相关。关系强度越高，则企业贷款可获得性也越高；反之也成立。

2. 以贷款满足率指标来衡量企业的贷款可获得性，则进一步假设为：关系强度影响企业向该银行申请贷款时获得全额批准的可能性，即关系强度影响企业的贷款满足率，且关系强度指标与企业的贷款满足率指标正相关。关系强度越高，则企业的贷款满足率就越高；反之也成立。

4.3.2　变量选择、研究方法与数据来源

（一）被解释变量与解释变量

本书用于反映银行贷款的被解释变量为贷款可获得性指标。贷款可获得性指标不宜直接使用该企业所能获得贷款总额的绝对规模来衡量，因为其受企业规模的影响，大型企业所获得的贷款绝对额度一般总高于小型企业，但这并不表示大型企业贷款的可获得性一定优于小型企业，这取决于不同规模企业自身对资金的不同需求量。

本书以贷款满足率指标判断一个企业贷款的可获得性，贷款满足率用数学符号记为 Y，该指标是企业申请的贷款额度占银行批准贷款额度的比重，理论上其取值范围为［0，100%］，显然贷款满足率越高，企业的贷款可获得性越

强；反之，贷款满足率越低，企业的贷款可获得性就越低。

影响银行信贷的解释变量为关系，从上文的分析中可以得知，关系同样是一个受诸多因素影响的复杂变量，因此可采用前文中采用因子分析综合评价方法测量所得的关系强度指标来表示，用数学符号记为 X，其主要受关系长度（F_1）、关系规模（F_2）和关系深度（F_3）三个因子的影响，为三者的加权和（F）。

（二）研究方法

对关系与信贷影响的上述研究假设将采用如下计量模型来加以验证：首先，通过计算关系强度指标与贷款满足率指标的相关系数，并进行相关性检验，用以验证两者的相关关系是否成立，确定相关关系的方向；然后，在相关性检验的基础上，通过建立关系强度和贷款满足率的线性回归模型，用以定量分析关系强度对贷款满足率的影响大小。因此，采用的实证研究方法为相关分析与回归分析法。

（三）数据来源

上述实证研究的数据为前文测算关系强度指标时所调查回收的163份问卷数据，其中计算关系强度值的指标和数据前文已作介绍，由问卷中163个样本提供的合作时间、贷款次数、是否基本户、融资银行数、关系集中度、积数比等调查数据采用因子分析评价方法测算得出，贷款满足率由获批贷款金额除以申请贷款金额计算得出，获批贷款金额与申请贷款金额数据同样来源于调查回收的163个样本。全部分析均在SPSS18.0中完成。

4.3.3　模型设定

（一）关系强度和贷款满足率的相关分析模型设定

记关系强度（X）和贷款满足率（Y）两者的相关系数为 R，建立如下假设：

原假设 H_0：$R=0$（即两者不相关）

备择假设 H_1：$R\neq 0$（即两者相关）

采用如下检验统计量：

$$r = \frac{\sigma_{xy}}{\sigma_x \sigma_y} = \frac{\sum (x-\bar{x})(y-\bar{y})}{\sqrt{\sum (x-\bar{x})^2 \sum (y-\bar{y})^2}}$$

拒绝域为

$$W = \{|r| > r_{1-\alpha}(n-2)\}$$

其中，$r_{1-\alpha}(n-2)$ 为 $|r|$ 分布的 $1-\alpha$ 分位数。

若拒绝原假设，则认为关系强度和贷款满足率两者相关。如果 $R > 0$，表示两者存在正相关关系；如果 $R < 0$，表示两者存在负相关关系。

（二）关系强度和贷款满足率的回归分析模型设定

在相关性检验的基础上，进一步采用回归分析方法对关系强度和贷款满足率两者建立线性回归模型，并对关系强度对贷款满足率的影响大小进行计量分析。关系型信贷的关系强度与贷款可获得性线性回归模型可设定如下：

$$Y = \alpha + \beta X + \varepsilon$$

其中，Y 代表贷款满足率，X 代表关系强度，α 为常数项，β 解释变量关系强度的回归系数，ε 为误差项。上述回归模型中，如果参数 β 显著异于零，则表明关系强度对贷款可获得性存在影响的假设成立，否则不成立，且其值的大小反映了关系强度对关系信贷可获得性的影响大小。

4.3.4 计量结果及检验

（一）关系型信贷的关系强度与贷款满足率相关性检验

对关系强度和贷款满足率计算 Pearson 相关系数，其系数为 0.816，显著性检验的结果显示，该系数在 1% 水平上（双侧检验）显著相关（见表 4-13）。因此，可以认为关系强度和贷款满足率两者之间存在显著的相关关系。相关系数 0.816 大于 0，表明两者呈正相关关系，即关系强度值越大，贷款满足率越高，相关系数值越小，贷款满足率越低。因此符合基本假设中关于关系型信贷中关系与信贷相关的理论假定。

表 4-13　　Correlations

		关系强度	贷款满足率
关系强度	Pearson Correlation	1	0.816**
	Sig.（2-tailed）		0.000
	N	163	163
贷款满足率	Pearson Correlation	0.816**	1
	Sig.（2-tailed）	0.000	
	N	163	163

**. Correlation is significant at the 0.01 level（2-tailed）.

（二）关系型信贷的关系强度与贷款满足率线性回归结果及检验

解释变量关系强度与被解释变量贷款满足率两者的简单线性回归结果如表 4-14 所示。

表 4-14 **Coefficientsa**

Model		Unstandardized Coefficients		Standardized Coefficients	t	Sig.
		B	Std. Error	Beta		
1	(Constant)	75.498	1.135		66.535	0.000
	关系强度	32.874	1.835	0.816	17.911	0.000

a. Dependent Variable：贷款满足率。

将其表述成线性回归模型如下：

$$\hat{y} = 75.498 + 32.874x$$

$$t = (66.535)(17.911)$$

$$s.e = (1.135)(1.835)$$

上述回归方程中，回归系数的 t 值为 17.911，P 值 0.000，在 1% 水平上高度显著，表明两者之间的线性回归关系成立。

运用方差分析对模型进行检验，其检验结果如表 4-15 所示。

表 4-15 **ANOVAb**

Model		Sum of Squares	df	Mean Square	F	Sig.
1	Regression	67 326.837	1	67 326.837	320.816	.000[a]
	Residual	33 787.625	161	209.861		
	Total	101 114.462	162			

a. Predictors：(Constant)，关系强度。

b. Dependent Variable：贷款满足率。

方差分析的结果显示：F 值为 320.816，P 值为 0.000，因此上述线性回归模型设定有效。

模型的拟合优度检验结果如表 4-16 所示：决定系数值为 0.666，调整后决定系数值为 0.664。决定系数整体上不是特别高，造成这一现象的理由主要是关系强度仅是造成贷款满足率变动的其中一个影响因素而非唯一因素，不过模型的拟合效果总体上还是理想的。

表 4-16 **Model Summary**

Model		R	R Square	Adjusted R Square	Std. Error of the Estimate
dimension0	1	0.816[a]	0.666	0.664	14.48658

a. Predictors：(Constant)，关系强度。

4.3.5 研究结论

回归分析结果表明，解释变量关系强度的回归系数显著，有统计意义，这表明解释变量关系强度对信贷满足率有影响，其回归系数值为32.874，表明关系强度每提高1个单位，贷款满足率将提高32.874个百分点。在关系型信贷中，维持良好的银企关系，提升关系强度，有助于企业的贷款申请得到满足。研究符合假设，也进一步证明了本书对关系强度指标的测算符合理论逻辑与实际情况，所测算的结果具有较强的现实应用价值。

本章小结

本章分析的核心目的是说明在银企关系中，关系强度是可以度量出来，且证明是有效的。

为达到上述目的，本章首先解释了关系强度指标及其度量的一般方法。本章通过对已有相关文献的大量查阅，认为：关系长度指标比较直观，容易获得相关数据，但以合作时间长短来与关系强度进行对等，有一定的片面性，但总体上具有较好的解释力；将关系距离等同于关系强度，在逻辑上、实证上都没有较好的解释力；关系规模指标也同样比较容易获取，虽然许多实证分析得出关系规模与关系强度之间的关联性但以企业与多银行建立业务关系会降低银行与其中一家银行的关系强度为逻辑，缺乏相应的理论支持；从理论上看，关系深度应是关系强度的最优替代变量，但关系深度变量本身很难量化，寻找良好的关系深度变量有一定难度。

本章将上述四类指标中的三类（排除了关系距离指标）进行综合，形成关系强度虚拟变量，并采用因子分析综合评价方法来测算关系强度。本章以浙江一家地方性商业银行的163个客户为样本，通过调查得到相关数据。将银行与企业之间“合作时间”长短、在该银行发生“贷款次数”的多少、企业“是否基本户”（该银行）、“融资银行数”、在该银行的“融资集中度”和存款贷款“积数比”等六个指标认为是“关系强度”指标的组成部分（三级指标），通过实证分析，上述六个指标通过一定的测算方法整合为三个二级指标，即“关系长度”（F_1）、“关系规模”（F_2）和“关系深度”（F_3），再由三个二级指标各自对关系的影响作用大小，构建成“关系强度”指标。实证结果显示，关系强度（F）的测算公式为

$$F = 0.4711 \times F_1 + 0.3679 \times F_2 + 0.1610 \times F_3$$

其中，关系长度指标包括：“合作时间”、“贷款次数”、“是否基本户”三个指标，关系规模指标包括“融资银行数”和“融资集中度”两个指标，反映关

系深度的指标是“积数比”。结果显示:“合作时间”、“贷款次数”、“是否基本户”、“关系集中度”、“积数比”五个指标与关系强度正相关,而融资银行数与关系强度负相关。

为检验关系强度模型的有效性,本章对关系强度进行检测。检验以测算出来的“关系强度”为自变量,以企业的贷款可获得性程度(贷款满足率指标)为因变量,在相关性检验的基础上,通过回归模型来分析两者之间的关系。通过实证分析,证明本章所测算出来的关系强度是有效的,它对企业贷款可获得性的影响符合统计原理和理论逻辑。

5

关系型信贷的“关系”应用

通过“关系”强度的度量，从中看出在关系型信贷中，银行与不同企业之间的关系强度存在差异，且关系强度的大小影响了企业的贷款可获得能力，影响了企业获得贷款的成本与条件。那么，如何利用银企之间的关系，并将“关系”运用到银行对企业的信用评价、贷款定价和风险管理之中，对地方性银行而言具有极强的现实意义。本章将对“关系”在企业信用评价、贷款定价和贷款风险管理中的实际应用价值作出评价和分析。

5.1 “关系”在企业信用评价中的应用

在开展贷款前，银行首先要对企业信用进行全面评价。在关系型信贷中，银行应充分利用“关系”的作用，将关系因素和非关系因素共同作为企业信用评价的核心因素。

5.1.1 企业信用评价及其发展

（一）企业信用评价

信用评价又可称为信用评级、信用评估、资信评估等，它是通过一个完整的评价体系和科学的评价方法，对目标经济主体的履约能力、偿债能力及其可信度所作出的综合分析和测定。信用评价可以是由交易一方对另一方所作的评价，也可以是由第三方独立作出的评价，能为交易双方的顺利进行提供基础性参考。

根据评价对象的不同，信用评价可分为企业信用评价、证券信用评价、项目信用评价和国家主权信用评价四类，分别服务于不同的领域。企业信用评价是由银行或第三方所作出的对目标企业的偿债能力、履约能力的综合评价，主要服务于企业融资、商业信用建立和交易合约达成等。

(二) 传统的企业信用评价方法

企业信用评价是银行对企业进行贷款之前所做的基础工作，对于交易型信贷来说，银行对企业的信用评价以企业的财务指标和担保水平为主体，相对有统一的标准，常用的信用评价方法：

1. 信用要素评价法

采用归纳法将影响企业信用等级的要素归纳为几大因素，分别评价并最终确定企业的综合信用等的方法，主要有以下两类：

(1) "5C" 分析法。由美国银行家爱德华（Edward F. Gee）提出的，指银行对企业信用评价时依据企业的 Character（品格）、Capacity（能力）、Capital（资本）、Collateral（担保品）和 Condition（环境状况）五个方面，五个方面都以 C 字母打头，统称"5C"。之外，还衍生出"6C"分析法（加入保险因素，Coverage Insurance）等，还有 5W 和 5P 分析法等，其基本原理相同。

(2) LAPP 法则。该方法从借款人的流动性（Liquidity）、活动性（Activity）、盈利性（Profitability）和发展潜力（Potentiality）四个方面评估企业信用风险，各要素的首字母组合成"LAPP"，称为 LAPP 法则。

2. 财务比率综合分析法

通过对影响企业信用等级的重要的财务指标进行统计，并构建相应的模型来综合测算企业的信用等级。一般常用的有：

(1) 杜邦财务分析法，是利用各个主要财务比率指标之间的内在联系，来综合分析、评价企业财务状况的一种分析方法。杜邦财务分析法的关键是建立完整的、连贯的财务比率体系，运用指标分解的方法建立起各个指标之间的相互联系，通过数据的替换，分析从属指标对总指标的影响。

(2) 沃尔比重法。它由亚历山大·沃尔（Alexander Wole）提出，通过选定的 7 项财务比率（流动比率、产权比率、固定资产比率、存货周转率、应收账款周转率、固定资产周转率和自有资金周转率），分别给定权重，通过与标准比率（行业平均比率）进行比较，确定各项指标的得分加总综合得分，来测算其信用等级。

3. 信用度量分析法

通过模型的构建来分析企业的信用度，主要有：

(1) 多元判别分析模型（MDA）。该方法为很多发达国家的金融机构所采用，它先是筛选出有效财务变量并建立模型，度量目标企业的违约概率或财务危机概率，来度量企业的信用程度。

（2）Logistic 分析模型。它采用一系列财务比率变量来预测公司破产或违约的概率，然后根据银行、投资者的风险偏好程度设定风险警戒线，以此对分析对象进行风险定位和决策的一种信用评价方法。

（3）人工神经网络（NNW）模型。神经网络方法开始主要用于预测公司破产概率，20 世纪 90 年代末，神经网络方法与模糊技术结合产生信用评价的神经模糊网络技术，被用于银行的授信决策。

传统的企业信用评价主要立足企业的财务指标，其特点是客观性强，主观因素影响小。但缺点是条件高，一是要求企业财务健全，二是要求银行通过不断地修正来建立一套适合其客户的严格的指标体系与评价模型。对于关系型信贷而言，上述两个条件都不适合。一是关系型信贷的主体客户是中小微企业、个体经营者和农户，一般都不具备健全的财务条件；二是关系型信贷的主体——地方性银行本身也无法建立一个工具式的指标体系与评价模型。因此，传统的企业信用评价方法不适合于关系型信贷。

（三）关系型信贷的企业信用评价

对关系型信贷企业信用评价的研究都立足于关系型信贷主体客户的实际情况，如客户的财务信息不健全，不能提供充足担保，企业经营业绩与其业主（所有者）素质、能力高度关联，借款人存在很大的非经营性风险等，其企业信用评价体系与方法的构建与交易型信贷存在较大的不同。相关的研究有：付英（1997）从企业概况考察、企业的财务分析、信托的条件分析、外部的环境分析和企业生产能力辨别五个方面初步构建企业资信评估指标体系；王玉娥和叶莉等（2004）研究了工业企业信用评价方法，构建了由企业素质、生产能力、盈利能力、竞争能力、偿债能力和发展能力等指标组成的信用评价指标体系；陈中华（2006）从偿债能力、获利能力、经营管理、信用状况、资产利用率和发展潜力六个方面分析信用程度；彭书凤（2007）则在层次分析法的基础上提出了运用模糊层次分析法进行信用评价的观点；蒋常红（2006）用改进后的 Logistic 模型进行小额贷款的信用评价；雷晓敏（2008）认为要重视对企业家信用的评价，他以“5C”分析法为基础，通过对一级指标、二级指标、三级指标的细分与设定，运用德尔菲法筛选企业家信用评价指标体系。

综合对关系型信贷企业信用评价的相关研究，可以发现：

1. 信用评价立足财务评价与非财务评价相结合的方法，且许多文献认为非财务评价的重要性要大于财务评价，至少是重要性不低于财务评价；

2. 非财务评价中强调企业家素质的评价、企业自身创新能力与市场适应能力的评价；

3. 在关系型信贷的企业信用评价体系构建方法上，专家意见法（德尔菲法）和层次分析法在对信用指标因素选择和体系构建时经常被采用。因为关系型信贷中对客户信用评价更多地立足于非财务因素与银行（支行长、客户经理）的经验评价，很难量化或进行回归分析，而采用专家意见法—层次分析法的搭配可以较好地适应这一条件。

这些研究成果有很好的参考价值，但总体而言值得更进一步地研究，特别是将关系强度进行度量并利用到企业信用评价体系建设之中，能更好地适应关系型信贷的地区差异，解决跨区域经营下的关系扩散问题。

5.1.2 对企业信用结构的分析

信用是一种综合性指标，具有非常广的内涵。对银行而言，企业信用的构成既有企业自身的品质和财务等因素，也有企业所处的信用环境和产业、行业发展能力，还有担保人（抵质押物品）所提供的支持。

本书对企业信用评价的分析以"5C"分析法为基础，先将大量的影响企业信用的因素考虑在内，再经过科学的选择，将重要影响因素保留并形成企业信用评价指标结构体系。

（一）假定

1. 企业信用能全面反映借款企业的所有信息，即企业的所有信息总和就是企业的信用。

2. 企业的全部信息都可以归纳为关系因素和非关系因素两大类，用公式表示为

企业信用 = 关系（因素）+ 非关系（因素）

3. 非关系（因素）是由借款企业的财务能力、担保能力共同决定的，用公式表示为

非关系（因素）= 财务（因素）+ 担保（因素）

其中财务能力是由企业的财务运行与财务保障水平，以一系列财务指标反映出来；担保能力是指为本次贷款进行担保的抵质押物或保证人所具有的财务担保能力，以及银行对担保（物或人）的可控程度。

4. 关系（因素）由关系强度、企业与环境品质共同决定，而企业与环境品质又包括企业所处行业的发展能力、自身的发展能力、业主（管理者）的素质，以及所拥有的社会资源水平等。企业所拥有的社会资源即社会资本，主

要由社会关系网络与经济关系网络（这里以产业约束能力来替代）组成。用公式表示为

关系（因素）=关系强度+（企业与环境）品质（企业与环境）品质
=行业素质（行业前景）+企业素质（产品与市场）
+业主（管理者）素质+社会资本（社会关系+产业约束）

综上，企业信用结构可用公式表示为

企业信用=关系+非关系
=关系强度+品质+财务+担保

5. 将除关系强度之外的所有因素界定为企业信用等级，企业信用等级由相应的信用评价模型测算而成，则

企业信用=关系强度+企业信用等级

（二）结论与相关说明

1. 结论

企业信用等级=品质+财务+担保
=财务+担保+行业素质+企业素质
+业主素质+社会关系+产业约束

即企业信用等级由两大类非关系性因素和5个关系性因素共同构成，关系性因素对企业的信用等级评价产生较大的作用，具体有多大的作用还需要在后面进一步探讨。

2. 相关说明

（1）业主素质与社会资本因素作为关系性因素是比较好理解的，企业的社会资源即社会资本，它是企业在社会交往和经济交往中所形成的信任租金，一旦为银行所利用就成为银企关系的组成部分，因此放入关系性因素。行业素质表示行业的发展前景与行业的稳定性，企业素质表示企业的产品创新与市场开拓能力，这两类指标一方面为非财务指标，与财务指标差别大；另一方面有较强主观性、评判性，需要银行（信贷员）通过市场调查及社会关系来全面把握，即社会资本对其评价更为重要，故纳入关系性因素之中。

（2）将关系强度单独列出且排除在企业信用等级之外，是因为关系强度与信用等级是两个不同范畴，两者缺乏应有的关联性。关系强度可以影响企业的贷款可获得性，信用等级相同的两个企业，与银行关系强度大的企业可以获得更多的贷款满足度或更优惠的贷款条件。同样在关系强度相同的两个企业中，谁的信用等级高，一般意义上能得到更多的贷款或更好的贷款条件。

5.1.3　关系型信贷的企业信用评价模型

（一）企业信用评价模型构建工作过程

1. 步骤设想

（1）在前面对企业信用结构分析的基础上，根据对已有相关研究成果的查阅和对相关指标的内涵界定与逻辑推断，初步选择了相应的信用评价指标，建立企业信用评价指标的初始体系。

（2）将初始体系向被调查银行征询（专题调查），采用专家意见法或德尔菲法，在统一各方意见的基础上，选择形成企业信用评价指标体系。

（3）将企业信用评价指标分类构建体系后，采用问卷调查方式，以层次分析法为基本工具，最终确定各指标的权重。

（4）将赋予权重的各指标进行构建，最终形成企业信用评价模型。

（5）运用企业信用评价模型来进行贷款定价，通过对模型的运用来实证检验。该部分将在第二节中实现。

2. 工作过程流程图（见图5－1）

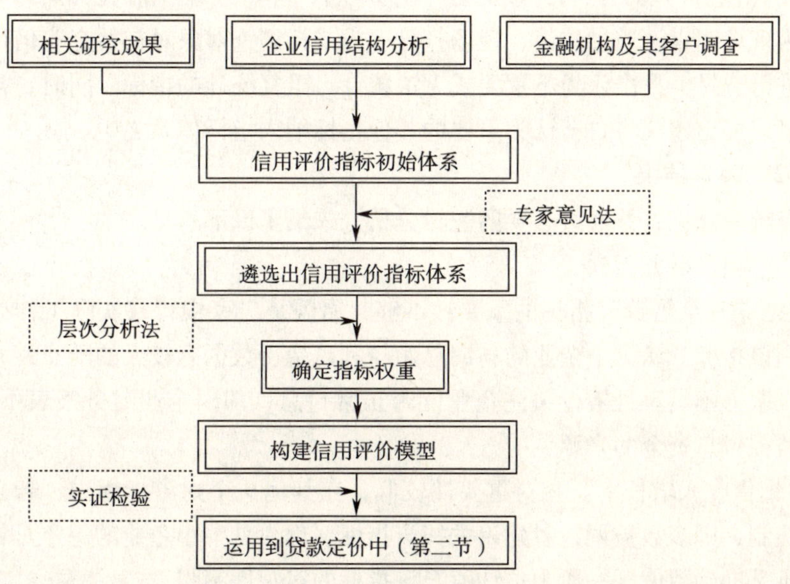

图5－1　企业信用评价模型构建工作过程示意图

（二）信用评价指标遴选

1. 初始指标体系构建

依据对已有相关文献的查阅，以及根据本节第二部分对企业信用结构的分析，构建了以下初始信用评价指标体系。

（1）财务指标：资产负债率、资产贷款比、流动比率、速动比率、已获利息倍数、存货周转率、应收账款周转率、销售收入增长率、销售利润率（毛利率）、资本净利率（净利率）等10个指标。

（2）担保指标：抵押（质押）价值贷款比（$\frac{抵押或质押物价值}{贷款额}$，适用于抵质押贷款）或保证人净值贷款比（$\frac{保证人净值}{贷款额}$，适用于保证贷款）、担保可控性等两个指标。

（3）品质指标：行业前景预测、产品创新与市场拓展能力、企业在行业中地位、业主（管理层）素质、偿债记录、社会关系、产业约束等7个指标。

2. 指标遴选与体系构建

（1）遴选方法。

采用专家意见法（德尔菲法，Delphi method），以3家总部在浙江的地方性银行（城市商业银行）的100名信贷工作人员为调查对象（专家），其中支行行长（包括一级支行与二级支行）为20名，客户经理（信贷员）为80名。方式为现场调查，通过访谈、现场打分等方式让调查对象对初始企业信用评价指标进行选择，找出认为不重要或无法统计、重复统计的指标。同时，被调查者也可以提出建议将自己认为重要的其他指标纳入指标体系之中。

（2）遴选结果。

经统一意见，并通过必要的逻辑分析，采纳了以下意见。

第一类：财务指标。

“已获利息倍数”指标的重要性不够，原因是三家银行在实际工作中都没有采用该指标，认为小企业的利润总额与利息费用数据有较大的随意性，该指标的说服力不足。且银行关注企业能否正常付息，却因企业财务报表不健全，无法监控付息资金的来源。

“销售收入增长率”相对重要性较低，在其他9个财务指标中，若采用末位淘汰制，则多数被调查者建议去掉该指标，理由是中小企业的每个月销售收入很难是准确数值，一般为估计值，该指标的客观性不强。

第二类，担保指标。

三家银行的抵质押贷款余额占总贷款余额的比重平均不足10%，原因有：一是中小企业特别是微小企业、个体经营者和农户一般缺乏良好的抵质押物品；二是这三家银行在实际贷款中倾向于采用保证贷款形式，认为保证人的主动作为有利于发挥更好的担保作用（见本章第三节：5.3.4 保证贷款有效性分析）。另外，保证人的净值也因其财务信息不健全而缺乏客观性。因此，"抵押（质押）价值贷款比或保证人净值贷款比"指标很难量化，建议与担保可控性合并，设"担保能力"指标来概括评价。

第三类，品质指标。

"企业在行业中地位"指标难以作出判断，理由是大多数企业的规模与行业地位都差别不大，特别是产业集聚区，行业由大量的小微企业组成，单体企业在行业中地位都很低，而地位多的龙头企业一般是大中企业，不属于关系型信贷范畴。

"偿债记录"指标很重要，但在实际工作中都并入"业主（管理层）素质"指标一起考核，两个指标之间的自相关系数高，建议只保留"业主（管理层）素质"指标。

另外，在专题调查中，没有出现相对较为集中的初始体系之外的指标的采用建议。

因此，通过遴选，共保留了14个指标并进行分类，由于财务指标相对较多，根据财务指标所反映的企业信息的不同又分为两类，分别为负债能力指标和经营能力指标，各类指标具体如下：

品质指标（5个）：行业前景、产品创新与市场拓展能力、业主（管理层）素质、社会关系、产业约束。上述5个指标的内涵界定及测算详见表5-8：信用评价指标评分标准。

负债能力指标（4个）：资产负债率（负债/资产）、资产贷款比（资产总额/本次申请贷款金额）、流动比率（流动资产/流动负债）、速动比率［（流动资产-存货）/流动负债）］。

经营能力指标（4个）：存货周转率（销货成本/平均存货）、应收账款周转率（销售收入/应收账平均余额）、销售利润率（销售利润/销售收入）、资本净利率（净利润/净资产）。

担保指标（1个）：担保能力。该指标的内涵界定及测算详见表5-8：信用评价指标评分标准。

（三）指标权重确定

1. 采用的方法

本书采用层次分析法（Analytic Hierarchy Process，AHP）来构建权重。层次分析法是一种定性、定量相结合的、系统化、层次化的分析方法，其基本思路是将一个复杂的决策问题进行多层次、递阶式地剖析、细分，形成目标层、准则层和指标层的不同层次的多因素分析模型，并确定不同因素在模型中的权重。

本书采用层次分析法的理由是：其一，层次分析法系统性强，能较好地解决多因素的内在关联问题；其二，由于关系型信贷的企业信用评价指标有很多关系变量，这些变量大多是非数字化变量，而层次分析法在解决非准确计量决策问题上存在优势。

2. 调查对象与方法

本书的调查对象是银行的支行长和客户经理（信贷员），将他们认可为关系型信贷的专家，通过问卷调查方法来获得各信用评价指标重要性的评价。问卷由本书调查小组提供，即将上述的 4 类 14 个指标制成“客户信用评价指标重要性对比调查表”（见表 5－1），由被调查者根据实际工作进行重要性对比选择。在进行比较时统一采用 9 级标度打分法，即其中“9”表示两指标前者相对后者“绝对重要”，重要程度最高，相应地“8、7、…、2、1”代表重要程度依次降低，分别表示“十分重要”、“比较重要”、“稍重要”、“同等重要”、“稍不重要”、“比较不重要”、“十分不重要”和“绝对不重要”。在判断矩阵中，这些数字分别以“9、7、5、3、1、1/3、1/5、1/7、1/9”来测评。

本书同样以 3 家总部在浙江的地方性银行（城市商业银行）的 100 名信贷工作人员为调查对象（专家），其中支行行长（包括一级支行与二级支行）为 20 名，客户经理（信贷员）为 80 名。本次问卷调查共发放问卷 100 份，回收 100 份，有效问卷 100 份，问卷回收率与有效回收率均为 100%。

经统计，得到各指标对比评价的汇总情况，具体见表 5－1。

表 5－1　　客户信用评价指标重要性对比调查表（汇总）

（a）一级指标重要程度评价

两个指标的重要性对比	绝对重要	十分重要	比较重要	稍重要	同等重要	稍不重要	比较不重要	十分不重要	绝对不重要
品质指标相对负债能力指标	3	3	15	43	23	13	0	0	0
品质指标相对经营能力指标	2	1	20	34	28	11	1	2	1
品质指标相对担保能力指标	0	2	8	26	52	10	0	2	0
负债能力指标相对经营能力指标	0	2	0	21	66	9	1	1	0
负债能力指标相对担保能力指标	0	1	7	39	48	5	0	0	0
经营能力指标相对担保能力指标	1	0	1	20	71	7	0	0	0

（b） 二级指标重要程度评价

品质指标下二级指标的重要性对比	绝对重要	十分重要	比较重要	稍重要	同等重要	稍不重要	比较不重要	十分不重要	绝对不重要
行业前景相对业主素质	0	0	2	12	56	21	6	2	1
行业前景相对企业素质	0	0	9	26	46	15	4	0	0
行业前景相对社会关系	2	6	23	34	25	6	4	0	0
行业前景相对产业约束	1	5	17	43	32	1	1	0	0
业主素质相对企业素质	4	7	33	24	21	9	2	0	0
业主素质相对社会关系	5	14	35	12	26	5	2	1	0
业主素质相对产业约束	6	11	41	32	6	3	1	0	0
企业素质相对社会关系	0	2	3	21	47	24	3	0	0
企业素质相对产业约束	0	0	5	23	61	11	0	0	0
社会关系相对产业约束	0	3	8	35	39	11	2	2	0
负债能力指标下二级指标的重要性对比									
资产负债率相对资产贷款比	0	0	6	8	46	32	7	1	0
资产负债率相对流动比率	0	2	21	34	33	7	1	2	0
资产负债率相对速动比率	0	2	2	6	44	38	8	0	0
资产贷款比相对流动比率	0	4	8	29	41	11	7	0	0
资产贷款比相对速动比率	0	0	9	18	51	19	2	1	0
流动比率相对速动比率	0	0	0	8	65	25	2	0	0
经营能力指标下二级指标的重要性对比									
应收账周转率相对存货周转率	0	2	2	12	43	34	6	1	0
应收账周转率相对毛利率	0	2	3	16	57	21	1	0	0
应收账周转率相对净利率	0	0	5	21	51	23	0	0	0
存货周转率相对毛利率	0	0	2	46	38	12	1	1	0
存货周转率相对净利率	0	1	1	38	54	6	0	0	0
毛利率相对净利率	0	0	3	37	51	8	1	0	0

3. 权重确定

本书采用 Matlab 软件来完成分析。运行软件，得到如下结果（问卷调查结果一次性通过一致性检验），具体结果见表 5－2 至表 5－6。

表 5－2 总体结果

备选方案	权重
A1 行业前景	0.10828

续表

备选方案	权重
A2 业主素质	0.13990
A3 企业素质	0.07667
A4 社会关系	0.04218
A5 产业约束	0.04218
B1 资产负债率	0.05214
B2 资产贷款比	0.04310
B3 流动比率	0.03668
B4 速动比率	0.04310
C1 应收账周转率	0.04213
C2 存货周转率	0.05794
C3 毛利率	0.03283
C4 净利率	0.04213
D1 担保能力	0.24072

表 5-3　　一级指标体系（判断矩阵一致性比例：0.0572；对总目标的权重：1.0000）

一级指标	品质	负债能力	经营能力	担保能力	W_i
品质	1.0000	3.0000	3.0000	1.0000	0.40922
负债能力	0.3333	1.0000	1.0000	1.0000	0.17503
经营能力	0.3333	1.0000	1.0000	1.0000	0.17503
担保能力	1.0000	1.0000	1.0000	1.0000	0.24072

表 5-4　　品质指标（判断矩阵一致性比例：0.075223；对总目标的权重：0.40922）

品质指标	行业前景	业主素质	企业素质	社会关系	产业约束	W_i
行业前景	1.0000	1.0000	1.0000	3.0000	3.0000	0.26460
业主素质	1.0000	1.0000	1.0000	5.0000	5.0000	0.34188
企业素质	1.0000	1.0000	1.0000	1.0000	1.0000	0.18736
社会关系	0.3333	0.2000	1.0000	1.0000	1.0000	0.10308
产业约束	0.3333	0.2000	1.0000	1.0000	1.0000	0.10308

表 5－5　　负债能力指标（判断矩阵一致性比例：0.02244；对总目标的权重：0.17503）

负债能力指标	资产负债率	资产贷款比	流动比率	速动比率	W_i
资产负债率	1.0000	1.0000	2.0000	1.0000	0.29787
资产贷款比	1.0000	1.0000	1.0000	1.0000	0.24627
流动比率	0.5000	1.0000	1.0000	1.0000	0.20958
速动比率	1.0000	1.0000	1.0000	1.0000	0.24627

表 5－6　　经营能力指标（判断矩阵一致性比例：0.0515；对总目标的权重：0.17503）

经营能力指标	应收账周转率	存货周转率	毛利率	净利率	W_i
应收账周转率	1.0000	1.0000	1.0000	1.0000	0.24071
存货周转率	1.0000	1.0000	3.0000	1.0000	0.33102
毛利率	1.0000	0.3333	1.0000	1.0000	0.18756
净利率	1.0000	1.0000	1.0000	1.0000	0.24071

（四）指标体系与模型构建

根据层次分析法所确定的各指标权重，构建关系型信贷的企业信用评价指标体系，具体见表 5－7。

表 5－7　　企业信用评价指标体系

目标	一层指标及权重	二层指标及权重	
企业信用评价	品质指标 A 0.40922	A1 行业前景	0.26460
		A2 业主素质	0.34188
		A3 企业素质	0.18736
		A4 社会关系	0.10308
		A5 产业约束	0.10308
	负债能力指标 B 0.17503	B1 资产负债率	0.29787
		B2 资产贷款比	0.24627
		B3 流动比率	0.20958
		B4 速动比率	0.24627
	经营能力指标 C 0.17503	C1 应收账周转率	0.24071
		C2 存货周转率	0.33102
		C3 毛利率	0.18756
		C4 净利率	0.24071
	担保能力指标 D 0.24072	D1 担保能力	1.00000

因此，企业信用评价模型为

$$R = 0.40922A + 0.17503B + 0.17503C + 0.24072D$$

$$= 0.26460A1 + 0.34188A2 + 0.18736A3 + 0.10308A4 + 0.10308A5$$

+0. 29787B1 +0. 24627B2 + 0. 20958B3 +0. 24627B4 +0. 24071C1
+0. 33102C2 +0. 18756C3 +0. 24071C4 +0. 24072D1

其中，R 表示企业的信用评价得分，模型中其他英文字母所代表的指标与表 5 -7相同。

对信用评价指标体系的分析，从中可得出：

1. “关系”在关系型信贷的企业信用评价中至关重要。

按照前文对企业信用结构的分析，决定企业信用的因素为关系强度与企业信用等级，而企业信用等级包括品质、财务和担保三类因素。根据信用评价指标体系，品质在企业信用等级中权重最大，占了 40%。再加上关系强度，可见关系因素对企业信用的总体影响很大。

2. 非财务评价是关系型信贷企业信用评价的主要内容。

在权重分布中，负债能力与经营能力的指标权重相同，合计占有权重为 0. 35006。负债能力与经营能力都是通过企业的财务水平反映出来的，而品质指标与担保能力指标都是通过非财务评价反映出来的。因此，在关系型信贷中，财务评价在企业信用总评价中贡献 35%，而非财务评价贡献了 65%。非财务评价相对财务评价具有更大的现实意义。

5.1.4 企业信用评价模型的运用

（一）指标的评分标准

各指标的值不同，定量指标用不同的数值反映，而定性指标用 A、B、C、D 四个等级来表示。因此，必然将指标数值按照一定的评分标准转化为评分值。本书在对三家地方性银行的 100 名员工（20 名支行长、80 名信贷员）进行调查时，向他们征求了客户信用评价指标评分标准，经统一意见后形成如下评分标准（见表 5 -8）。

表 5 -8　　信用评价指标评分标准

项目	评价系数			
分值	100	80	50	20
品质指标				
行业品质（行业前景）	好（A）	较好（B）	一般（C）	差（D）
企业品质（产品创新与市场拓展能力）①	产品竞争力强，销售渠道通畅	产品竞争力较强，销售渠道基本能保证生产能力	产品竞争力一般，销售渠道略有不足	产品竞争力差，销售渠道不通畅

① 从同类产品的竞争力、销售渠道两个角度评价。

续表

项目	评价系数			
业主（管理层）品质	好（A）	较好（B）	一般（C）	差（D）
社会关系	社会责任感强，在当地团队组织中发挥较大作用	有社会责任感，积极参与团体活动	责任感不强，社会关系一般	社会关系差
产业约束	当地产业链完整，相互约束强	有一定的产业集聚，并有相互约束力	有较少的集群约束或上下游企业约束	无产业链约束力
负债能力指标				
资产负债率（%）	≤15	(15，30]	(30，50]	≥50
资产贷款比	≥30	[15，30)	[5，15)	<5
流动比率	≥ 4	[2.5，4)	[1，2.5)	<1
速动比率	≥ 2	[1.25，2)	[0.5，1.25)	< 0.5
经营能力指标				
存货周转率	≥25	[15，25)	[5，15)	<5
应收账款周转率	≥25	[15，25)	[5，15)	<5
销售利润率（%）	≥ 25	[15，25)	[7.5，15)	<7.5
资本净利率（%）	≥ 25	[15，25)	[7.5，15)	<7.5
担保指标				
担保能力	充足，可控性强，处置方便	一般情况下能覆盖风险，可控，处理较方便	有潜在的风险，或有一定的处置困难	不能覆盖风险，处置困难

需要说明的是：通过对照分析，发现本标准与传统的企业信用评价中的指标标准（一般用于交易型信贷，下称普通标准）有一定的差别，其中存货周转率与应收账款周转率两个指标的评分标准较高，两个指标的“较好”水平都要求达到15以上，大约高于普通标准1倍以上。经与银行沟通，认为设定高标准是符合实际情况的。原因是关系型信贷的对象是中小企业、个体经营者和农户，这些经济主体大多只保留很少量的存货，且应收款期限也很短，一般平均保留1个月的存货或1个月的应收款都已是较高水平了。特别是直接面向

消费者的企业（如餐饮、零售企业等），现金收付（或卡付款）占了很大比重，基本上没有应收款，存货也极少。

（二）企业信用等级的评定

将企业信用评价指标的数据转化为分值，再通过信用评价模型可以测算出各个企业的信用分，最后可以得到信用等级。根据《中国人民银行信用评级管理指导意见》（2006 年 4 月颁布实施），以及地方性银行对企业进行信用评级的具体做法，将企业的信用等级划分为三等九级，分别是：AAA、AA、A、BBB、BB、B、CCC、CC、C，具体信用等级评价表与等级标准见表 5 -9。

表 5 -9　　企业信用等级评价与等级标准

一、企业信用等级评价									
信用等级		信用状况							
A	AAA	企业信用极好，几乎无风险							
	AA	企业信用良好，基本无风险							
	A	企业信用较好，具备支付能力，风险较小							
B	BBB	企业信用一般，基本具备支付能力，稍有风险							
	BB	企业信用欠佳，支付能力不稳定，有一定风险							
	B	企业信用较差，近期内支付能力不稳定，有很大风险							
C	CCC	企业信誉很差，偿债能力不可靠，可能违约							
	CC	企业信誉太差，偿债能力差							
	C	企业信用极差，完全丧失支付能力							
二、信用等级标准									
信用等级	AAA	AA	A	BBB	BB	B	CCC	CC	C
综合信用评价得分	91 ~100	81 ~90	71 ~80	61 ~70	51 ~60	41 ~50	31 ~40	21 ~30	20 ~11

（三）样本测评结果

根据企业信用评价模型对样本企业进行测算，得到每一家企业的信用评价分值，再根据信用等级标准进行测评，最终得到样本各企业的信用等级，结果如下：样本企业平均的信用评价分值为 75 分，最高分为 95 分（信用等级为 9 级——AAA 级），最低分为 45 分（信用等级为 4 级——B 级）。信用等级分布图如图 5 -2 所示，具体数据详见书后附表 2：样本的过程性测算数据一览表。

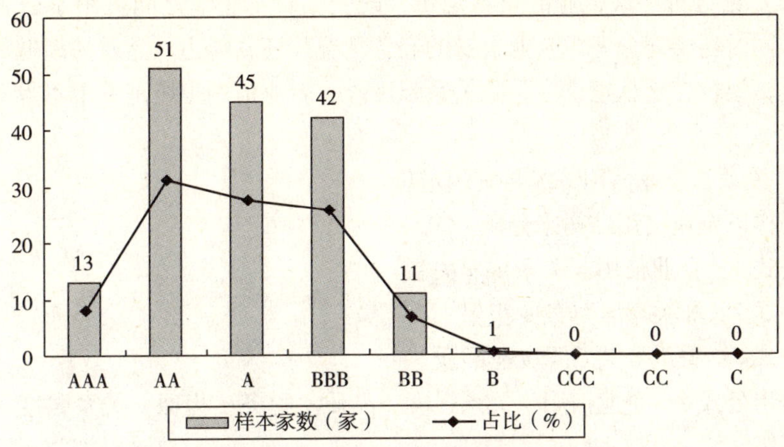

图 5－2 样本企业信用等级分布图

5.2 "关系"在贷款定价中的应用

从前面的分析中得知：企业信用是由关系强度和信用等级共同体现出来的。那么，在测算了银企关系强度和企业信用等级后，如何将其运用到贷款定价之中？

5.2.1 "关系"在贷款定价中应用的分析逻辑

1. 在分析"关系"对贷款定价的影响时，必须考虑企业信用等级。

在第 4 章中，我们分析了关系强度对企业贷款可获得性的影响。其结论是关系强度确实影响了企业贷款的可获得性，企业贷款的可获得性与其跟银行之间的关系强度呈正相关。但是，现在又面临一个新的问题：关系是否影响了银行对企业贷款的定价。

这里不能简单地将度量出来的关系强度与企业贷款利率进行回归分析，理由是：

（1）贷款可获得性与贷款定价这两个变量有很大区别，前者是一个相对模糊的概念，其精准度不大。但后者反映贷款利率的高低，是精准数值，对其进行回归分析，应尽量将影响贷款利率的重要变量都考虑在内，共同构建模型进行回归分析。

（2）银行对一家企业的贷款定价，既受银行与企业之间关系紧密程度的影响，同时还要充分考虑企业自身的经营情况、还款能力、品质的高低等，也就是说，银行在贷款定价中，除关系强度外，企业信用等级是一个不得不考虑的因素。

2. 关系、企业信用等级与贷款定价

同样以企业信用结构来分析：

公式1：企业信用 = 关系 + 非关系

公式2：非关系 = 财务 + 担保

公式3：关系 = 关系强度 + 品质

得出公式4：企业信用 = 关系强度 + 品质 + 财务 + 担保 = 关系强度 + 企业信用等级

则：企业信用等级 = 品质 + 财务 + 担保

其中，品质是银行通过其关系所掌握的有关企业及其环境的、除财务和担保之外的全部信息，包括行业品质、企业品质、业主品质和社会资本等。

企业信用等级的高低及其与银行的关系紧密程度决定了贷款利率的高低，而企业信用等级是由企业财务能力、担保能力和企业及其环境的品质（关系因素）所决定的。因此，关系对企业贷款利率产生重要影响。

5.2.2 “关系”对企业贷款定价影响的实证分析

（一）基本假设

假设一：企业信用是对企业所有信息的反映，企业信用决定了银行对该企业贷款的利率高低。

假设二：企业信用由企业与银行的关系强度和企业信用等级共同决定的，即关系强度变量与企业信用等级变量对贷款利率的影响都是显著的。

假设三：关系强度与企业信用等级均与企业贷款利率负相关，即关系强度越高，则企业所得到的贷款利率就越低，反之则相反；企业信用等级越高，其贷款利率同样也越低，反之则相反。

（二）变量说明与样本数据

1. 变量说明

反映企业贷款定价的指标为贷款利率，用数学符号记为 I，在实证分析过程中，贷款利率作为解释变量。

企业的贷款定价是一个十分复杂的问题，影响企业贷款定价的变量众多，通过建立回归分析模型对企业贷款定价进行定量分析，一方面如果将上述全部变量作为解释变量引入模型容易造成多重共线性等计量分析问题，另一方面如此多的解释变量会使得该模型的实际应用价值受到极大的限制。考虑到这些，本书将影响企业贷款定价的因素分为两大综合因素，第一类综合因素为“关系”因素，用关系强度来表示，第二类综合因素为企业“信用水平”因素，用信用等级来表示，两类因素囊括了影响企业贷款定价的方方面面因素，同时又较好地解决了计量分析中的问题，增强了实证应用的价值。基于上述考虑，本书的被解释变量包括两个：一是关系强度指标，用数学符号记为 X_1，其主要受关系长度 F_1、关系规模 F_2 和关系深度 F_3 三个因子的影响，为三者的加权和 F，其数据来源于前文中因子分析综合评价方法测量所得的关系强度指标，测量对象为163个样本企业；二是信用等级，用数学符号记为 X_2，其主要受企业的信用品质、负债能力、经营能力和担保能力四个方面的影响，其数据根据163个样本企业提供的四大方面的14个指标数据，采用企业信用评价模型计算得出信用等级，共计9个信用级别，用1～9级来表示，级别越高，信用水平越高，级别越低，信用水平越低。

2. 样本数据

仍采用与第5章一样的样本，样本总数为163个，具体数据详见书后附表1样本数据一览表。以样本企业实际发生的最近一次获批贷款享受的贷款利率为直接依据。

第4章已对样本客户类型、资产实力、贷款金额与满足率、与该银行合作时间及贷款次数、客户合作银行规模及在该银行的贷款集中度、积数比（存款贷款积数比）六个方面的特征进行了分析，这里根据需要再对样本的部分特征分析如下：

（1）关系强度。

根据第5章所构建的关系强度测算模型（$F = 0.4711 \times F_1 + 0.3679 \times F_2 + 0.1610 \times F_3$，$F_1$、$F_2$、$F_3$ 分别代表关系长度、关系规模与关系深度指标）对163个样本进行测算，得出各客户的关系强度值，具体见书后附表2：样本的过程性测算数据一览表，另外第4章对163个样本关系强度的统计结果进行了描述，中值为 -0.0214，极大值为2.55，极小值为 -1.16，详见第4章的表4-11、表4-12。

（2）企业信用等级。

根据上一节所构建的企业信用等级测算模型对163个样本进行测算，计算出每个企业的信用评价分，再对照等级标准换算出每个样本的信用等级。详见附件2样本的过程性测算数据一览表。

(3) 贷款利率。

样本数据中的贷款利率为月利率，以‰来表示。样本企业的平均贷款利率为8.21‰，折合年利率为9.85%，略低于该银行2012年末全部贷款客户的平均贷款利率10.08%。这与第5章对样本的分析一致，第4章中发现样本客户的资产总额偏大，平均每笔贷款金额偏高（2012年末被调查银行全行户均贷款余额为50.77万元)，并分析了两个原因。样本平均贷款余额略高，而贷款利率略低，符合经济学逻辑。样本中最高贷款利率为11.64‰，最低为4.83‰，贷款利率分布见图5-3。可以看出，样本企业的贷款利率主要集中于7‰~10‰。

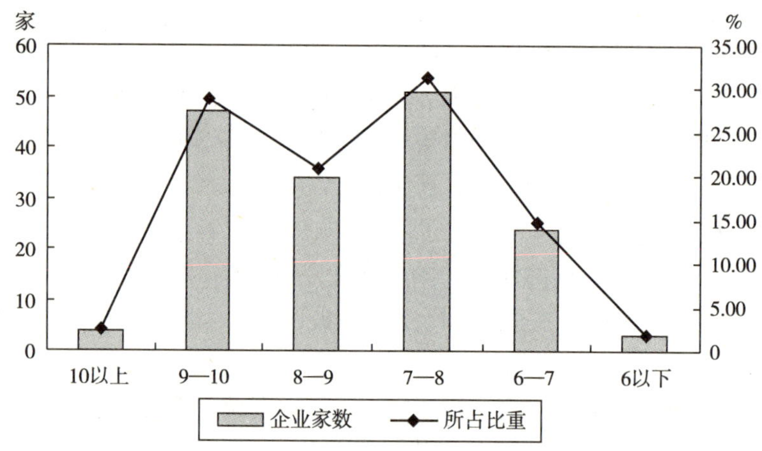

图5-3 样本企业贷款利率分布情况

(三) 研究方法

对关系对企业贷款定价影响的上述研究假设将采用如下计量模型来加以验证：(1) 检验贷款利率与企业信用等级的相关性，确定相关的程度和相关的方向；(2) 检验利率与关系强度的相关性，确定相关的程度和相关的方向；(3) 建立企业贷款利率、信用等级和关系强度之间的线性回归模型，测量信用等级和关系强度指标对贷款利率的实际影响大小。上述分析均在SPSS18.0中完成。

(四) 计量模型设定

模型一：贷款利率与关系强度之间的线性回归模型设定

$$I = \alpha_1 + \beta_1 X_1 + \varepsilon_1 \qquad (5.1)$$

模型二：贷款利率与信用等级之间的线性回归模型设定

$$I = \alpha_2 + \beta_2 X_2 + \varepsilon_2 \qquad (5.2)$$

模型三：贷款利率与关系强度、信用等级之间的线性回归模型设定

$$I = \alpha_3 + \beta_{31}X_1 + \beta_{32}X_2 + \varepsilon_3 \tag{5.3}$$

式（5.1）至式（5.3）中，I 代表贷款利率，用于反映企业的贷款定价；X_1、X_2 分别代表关系强度和信用等级；α_1、α_2 和 α_3 为常数项；β_1、β_2、β_{31} 和 β_{32} 为对应线性回归模型的回归系数，如果其显著异于零，表示解释变量与被解释变量之间的上述假定关系成立，否则便不成立；ε_1、ε_2 和 ε_3 为误差项。

（五）计量结果及检验

1. 关系强度与贷款利率的相关性检验

对关系强度和贷款满足率计算 Pearson 相关系数，其系数为 -0.425，显著性检验的结果显示，该系数在 1% 水平上（双侧检验）显著相关（见表 5-10）。因此，可以认为关系强度和贷款利率两者之间存在显著的相关关系。相关系数 -0.425 小于 0，表明两者呈负相关关系，即关系强度值越大，贷款利率越低；关系强度值越小，贷款利率越高。因此关系强度与贷款利率呈负相关的理论假定成立。

表 5-10　　Correlations

		Y 贷款利率	X_1 关系强度
Y 贷款利率	Pearson Correlation	1	-0.425**
	Sig.（2-tailed）		0.000
	N	163	163
X_1 关系强度	Pearson Correlation	-0.425**	1
	Sig.（2-tailed）	0.000	
	N	163	163

**：Correlation is significant at the 0.01 level（2-tailed）.

2. 信用等级与贷款利率的相关性检验

对信用等级与贷款利率的相关性检验结果显示，两者的相关系数值为 -0.828，在 1% 显著性水平上，双侧检验结果为显著负相关（见表 5-11）。因此，同样验证了信用等级与贷款利率负相关的理论假定。

表 5-11　　Correlations

		Y 贷款利率	X_2 信用水平（已离散化）
Y 贷款利率	Pearson Correlation	1	-0.828**
	Sig.（2-tailed）		0.000
	N	163	163

续表

		Y 贷款利率	X_2 信用水平（已离散化）
X_2 信用水平（已离散化）	Pearson Correlation	-0.828 **	1
	Sig.（2-tailed）	0.000	
	N	163	163

**: Correlation is significant at the 0.01 level（2-tailed）.

3. 贷款利率与关系强度、信用等级之间的回归分析结果

（1）贷款利率与关系强度的回归分析结果。

根据模型一中对贷款利率与关系强度的模型设定，式（5.1）的计量分析结果如下所示：

$$\hat{I} = 8.210 - 0.816x_1$$
$$t = (97.026) \qquad (-5.961)$$
$$s.e = (0.085) \qquad (0.137)$$
$$R^2 = 0.181 \qquad F = 35.532 \qquad S.E = 1.08015$$

上述回归方程中，回归系数的 t 值为 -0.816，P 值为 0.000，在 1% 水平上高度显著，表明两者之间的线性回归关系成立。F 值为 35.532，P 值为 0.000，因此上述线性回归模型设定有效。模型的拟合优度检验结果，决定系数值为 0.181，决定系数整体上不是特别高（见表 5-12）。造成这一现象的理由主要是关系强度仅是造成贷款利率变动的其中一个影响因素而非唯一因素，不过模型的拟合效果总体上还是理想的。

表 5-12　ANOVA[b]

Model		Sum of Squares	df	Mean Square	F	Sig.
1	Regression	41.456	1	41.456	35.532	0.000[a]
	Residual	187.843	161	1.167		
	Total	229.299	162			

a. Predictors:（Constant），X_1 关系强度。

b. Dependent Variable：Y 贷款利率。

（2）贷款利率与信用等级的回归分析结果。

根据模型二中对贷款利率与信用等级的模型设定，式（5.2）的计量分析结果如下所示：

$$\hat{I} = 14.505 - 0.892x_2$$
$$t = (42.580) \qquad (-18.715)$$

$$s.e = (0.341) \qquad (0.048)$$

$$R^2 = 685 \qquad F = 350.255 \qquad S.E = 0.6697$$

上述回归结果显示，F 值为350.225，模型设定有效；决定系数值0.685，模型拟合优度高（见表5－13）。所有参数的回归系数均高度显著，这表明信用等级是影响贷款利率的重要因素的假定成立。

表5－13　　**ANOVA**[b]

Model		Sum of Squares	df	Mean Square	F	Sig.
2	Regression	157.090	1	157.090	350.255	0.000[a]
	Residual	72.209	161	0.449		
	Total	229.299	162			

a. Predictors：(Constant)，X_2 信用水平（已离散化）。

b. Dependent Variable：Y 贷款利率。

（3）贷款利率与关系强度、信用等级的回归分析结果。

由模型三得到式（5.3）的结果如下：

$$\hat{I} = 14.200 - 0.185x_1 - 0.849x_2$$

$$t = (38.329) \qquad (-2.003) \qquad (-16.330)$$

$$s.e = (0.370) \qquad (0.093) \qquad (0.052)$$

$$R^2 = 693 \quad F = 180.409 \quad S.E = 0.6635 \quad DW = 2.095 \quad TOL = 0.826$$

上述回归方程中，F 值为180.409，在1%水平上显著，可以认为上述模型的设定有效；决定系数值为0.693，拟合优度较高；残差的 DW 检验结果显示，不存在自相关问题；对模型设定进行多重共线性检验，结果显示，方差膨胀因子检验容许度 TOL 值接近1，表明模型不存在多重共线性（见表5－14）。

表5－14　　**ANOVA**[b]

Model		Sum of Squares	df	Mean Square	F	Sig.
3	Regression	158.856	2	79.428	180.409	0.000[a]
	Residual	70.443	160	0.440		
	Total	229.299	162			

a. Predictors：(Constant)，X_2 信用水平（已离散化），X_1 关系强度。

b. Dependent Variable：Y 贷款利率。

（六）研究结论

回归分析的结果显示，解释变量关系强度对贷款利率的回归系数值为－0.185，t 值为－2.003，在5%水平上显著，信用等级对贷款利率的回归系

数值为 -0.849，t 值为 16.330，在 1% 水平上显著，因此上述回归方程的全部参数均显著，有统计意义，可以认为贷款利率受关系强度和信用等级的影响，前述理论假定成立。对 163 个样本的具体测量结果显示，关系强度每提高一个单位，将有助于降低贷款利率 0.185 个点，信用等级每提高一个级别，将有助于降低贷款利率 0.849 个点。

再联系信用等级的构成。根据第 5.1 节所测算的企业信用等级模型（$R=0.40922A+0.17503B+0.17503C+0.24072D$），企业信用等级评价中有 40% 的决定因素来自品质指标，也就是说，企业信用等级中有近一半的因素是由关系性因素所决定的。因此，“关系”既通过关系强度指标来影响贷款利率，又通过信用等级指标来影响贷款利率，即“关系”对企业贷款定价有很大的影响。

因此，在关系型信贷中，提升企业的业主素质、社会资本等，并保持贷款银行之间良好的“关系”，有助于降低企业的融资成本。

综合第 4 章的“关系强度”度量、第 5 章第 5.1 节的“信用等级”测算，以及本节的贷款定价模型，可以得出：若掌握企业与银行之间的 6 个关系强度变量、5 个品质变量、8 个财务指标变量和担保能力情况，就可以对目标企业的贷款利率进行测算，这是企业贷款定价实证的应用。

5.2.3 积数定价法的理论分析与现实意义

本书主要调查的三家总部在浙江的地方性银行（城市商业银行），其在开展小微企业市场贷款中，都采用积数定价法来进行贷款定价。同时，对照相关文献，也发现国内许多地方性银行在贷款银行中采用或参考积数定价法。从关系型信贷的关系视角，可以发现积数定价法实际上是一种关系定价模式，且对隐性长期关系合约的形成具有积极作用。

（一）积数定价法

1. 积数与积数比

积数即累积数，它是银行计息的常用方法，即将每日的资金余额累加，得到积数后乘以日利率，就可得到资金使用的利息。积数有存款积数和贷款积数。存款积数是将一个阶段内的每日存款余额累加，可得到月存款积数、年存款积数等；以同样方法，将每日贷款余额累加可得贷款积数，贷款积数在可提前部分还贷或在贷款额度内灵活贷款、还款，以及透支的方式下被经常使用。

存贷款积数比（简称积数比，下文若没有特别说明，积数比均指存贷款积数比）是指存款积数与贷款积数的比率，用公式表示为

$$存贷款积数比 = \frac{\sum_{i=1}^{n} D_i}{\sum_{j=1}^{m} L_j}$$

其中，D_i 表示存款积数，L_j 表示贷款积数。

2. 积数定价法

积数定价法是指银行给企业贷款时，依据该企业一定时期内在银行的存款贷款积数比来确定企业的贷款利率的一种贷款定价方法。严格上讲，积数定价法应该是积数比定价法。一般而言，银行将测算企业存款积数的期限选择为一年，以一年内在本行的所有存款积数与在本行的所有贷款积数来测算积数比。

积数定价法下，银行以积数比来确定或协助确定企业所获得贷款的利率。许多地方性银行采用积数定价法，但各行的实际做法有所不同。有的银行以积数比的高低来确定各级贷款的基本利率，并规定一定的上下浮动幅度，浮动的依据是企业的信用评价水平、企业与银行的关系程度等。浮动幅度是限定的，信贷审批线上各级的权限不同，若需要突破本级的浮动幅度，还需要上一级来批准。还有的银行将积数比作为参考因素融入贷款定价中，这种方式以银行对企业的信用评价水平为基础来确定基本利率，同时赋予积数一定的优惠幅度，积数比越高，则优惠幅度越大。但无论采用何种方式，积数定价法都是充分考虑了积数在贷款定价中的作用，也就是说，企业所获得贷款的利率水平，与其在银行的存款、贷款积数比紧密相关。

3. 积数定价的案例分析

（1）具体方法。

在本次调研中，所调查的三家浙江地方性商业银行中，有一家银行是最早在国内推行积数定价法的，该行称之为“存贷挂钩、利率优惠”的贷款基础定价方法。具体做法是银行根据客户账户的存款情况测算客户的本期可用存款积数，将本期可用存款积数与本期客户申请的贷款积数相比，得到积数比，以此来决定客户的贷款利率水平。其测算公式为

本期可用存款积数 = 客户存款总积数 - 上期已用存款积数。

上期已用存款积数 = 上期贷款积数

积数比 = 本期可用存款积数/本期拟发放贷款积数

（2）基础定价。

银行根据积数比来制定客户的基本贷款利率（见表 5 - 15）。

表 5－15　××商业银行贷款基本利率表（30 万元以内，含 30 万元）　单位：‰

积数比	6 个月（含）以内		6 个月至 1 年（含）		1 年至 3 年（含）	
	保证贷款	抵质押贷款	保证贷款	抵质押贷款	保证贷款	抵质押贷款
6.0:1	4.71	4.38	5.04	4.71	5.10	4.77
4.0:1	5.52	5.04	5.97	5.25	7.26	6.33
3.0:1	5.85	5.51	6.24	5.67	7.55	6.75
2.5:1	6.21	5.64	6.65	5.85	7.89	6.99
2.0:1	6.57	5.88	6.93	6.06	8.16	7.20
1.5:1	6.87	6.12	7.23	6.27	8.46	7.41
1.0:1	7.20	6.33	7.56	6.48	8.79	7.68
0.7:1	7.53	6.57	7.86	6.72	9.09	7.92
0.5:1	7.89	6.81	8.19	7.02	9.42	8.34
0.4:1	8.28	7.05	8.58	7.29	9.81	8.61
0.3:1	9.03	7.44	9.63	7.74	10.86	9.06
0.25:1	9.84	7.65	10.25	8.04	11.46	9.36
0.2:1	10.29	8.01	10.83	8.34	12.06	9.72
0.1:1	11.10	8.46	11.43	8.73	12.66	10.08
0.1:1 以下	11.64	8.58	13.20	8.88	14.16	10.44

从表中看出，若不考虑其他因素，积数比对贷款利率的影响非常大。如同样是 6 个月的保证贷款，积数比在 6.0:1 以上的利率优惠至 4.71‰，而积数比在 0.1:1 以下的利率高至 11.64‰，后者是前者的 2.47 倍。

再来看实际情况，本次调查共获得该行 163 个贷款客户的实际利率数据（详见附表 1：样本数据一览表），这些客户全部是保证贷款，期限都在 6 个月以下。本书随机抽取了序号为 1～10 的共 10 个客户的积数比、基本利率与实际利率，如表 5－16 所示，其中利率差＝实际利率－基本利率。

表 5－16　前 10 个客户的积数与贷款利率　单位：‰

积数比	基本利率	实际利率	利率差
0.5	7.89	7.41	－0.48
0.3	9.03	8.55	－0.48
0.3	9.03	7.41	－1.62
0.4	8.28	7.8	－0.48
0.3	9.03	7.41	－1.62
0.3	9.03	7.17	－1.86
<0.1	11.64	9.03	－2.61
<0.1	11.64	9.6	－2.04
0.3	9.03	9.6	0.57
0.5	7.89	7.89	0

可以看出，该银行的贷款定价以积数比为基础，但又赋予了较大的浮动幅度。说明该银行不是完全的积数比定价法，而是参考了企业信用等级与关系强度的积数比基础定价法。

（二）积数定价是关系定价的一种表现形式

积数定价不是传统的风险定价。银行传统的贷款定价理论是风险定价理论，因为利率的构成主要包括四个部分：资金成本（存款利率）、银行经营成本、银行利润和风险补偿，前三者对每笔贷款资金而言变化不大（当然，小额信贷的经营成本相对要高）。因此，贷款利率与该笔贷款的风险程度高度关联。这是风险定价的理论基础，即银行通过信用评价来测算某笔贷款的风险程度，据此确定该贷款的利率，以获得对高风险的“溢价”补偿。

当然，存款积数的高低也在一定程度上反映了企业的资金宽裕程度，部分反映了企业的信用等级。但积数定价还不能归纳为风险定价模式，因此，对银行而言，银行也通过贷款调查掌握或局部掌握了企业的信用等级，银行没有依据企业信用等级来确定贷款利率的基础水平，而只是将信用等级作为参考依据，来实现在积数定价上的浮动。

积数定价实际上是关系定价的一种形式。关系定价是指银行依据其与企业的关系紧密程度而确定基础贷款利率的一种定价方法。前面对关系结构的分析已得知，关系体现在很多方面，有关系长度、关系距离、关系规模、关系深度等，其中存款贷款积数比是关系深度的一大衡量指标。这是因为：

1. 积数比反映了企业在银行账户中平均存款余额的高低，而存款多有两种情况：一是企业的大量资金往来都通过该银行，账户中会经常性地保留交易结余资金；二是企业将自己的资金大量地存入在该银行。这两种情况都说明企业与银行之间保持着良好的资金合作，有利于银行更好地了解企业，建立更为密切的关系。

2. 积数比是银企之间隐性长期关系合约的外在表现。从静态看，积数比是企业到某个时间点为止向银行的融出资金与从银行融入资金的对比关系。从动态看，积数比与贷款利率高低挂钩，直接影响企业的资金成本。对企业而言，其最优选择是维护或继续增进这种关系，以获得更为优惠的资金。因此，积数比将银企之间的隐性的长期合约关系直接外在地表现出来。

（三）积数定价法的现实意义

1. 积数定价首先体现了银行按照客户对其贡献的大小来确定基础利率，有利于地方性银行获得稳定的资金来源。

2. 积数定价有利于直观简单地反映关系程度。关系是内在的，需要通过一定的途径反映出来，而积数定价便于客户直观地了解自己与银行之间的相关支持与长期合作关系。

3. 有利于简化定价程序。风险定价是一个复杂的系统工程，对于地方性银行的主体客户而言，其信用评价及结果很难直观地被客户所接受，而积数定价大大简化了定价程序，一般客户都能简单地测算出自身的贷款基础利率。

4. 有利于简化贷款定价环节中的银行内部委托—代理关系，减少道德风险。银企关系中一个很重要的环节是银行内部的委托—代理关系，即银行与信贷员（客户经理）之间的关系。地方性银行的主体客户都存在财务信息不健全现象，对其进行信用评价存在较强的主观性，容易产生道德风险。而积数定价简化定价过程，信贷员（客户经理）主观判断对定价的影响作用降低，是避免道德风险的良好选择。

5. 有利于企业与银行达到长期关系合约。积数意味着资金成本，企业更愿意与银行建立长期的存款关系，促进银企之间的隐性长期关系合约形成。

5.3 “关系”在贷款风险管理中的应用

5.3.1 贷款风险及管理

贷款风险管理是银行贷款业务中的重要组成部分，没有良好的贷款风险管理，银行就无法进行可持续的贷款。企业贷款违约产生的原因很多，既可能是宏观因素或系统性风险所造成的，也可能是非系统性风险所造成的；有信息不对称所带来的道德风险与逆向选择的原因，这其中有银企关系中银行与信贷人员之间的内部委托—代理关系中的信息不对称，也有银行与企业之间的信息不对称问题；有不完全合约理论对企业违约行业的解释，也有企业的预算软约束问题所带来的贷款风险。

对贷款风险的防范，以及贷款风险发生后的处理，是贷款风险管理的主要内容。对于关系型信贷而言，贷款风险管理主要涉及两个方面：

其一，信息不对称下的贷款风险防范问题。这个问题在所有贷款中都存在，但关系型信贷尤为严重。关系型信贷的对象是中小企业、微型企业、个体经济和农户，其财务档案不健全、信息透明度低，且因信息的非标准化而存在识别困难等。另外，小微经济主体本身存在违约成本低、道德风险与逆向选择更为严重的问题。

其二，对关系的风险防范问题。这个问题是关系型信贷的特有问题，而一般在交易型信贷中，主要依据财务数据等公开信息来评价客户，该问题很少遇到。

根据前文对企业信用结构的分析，可以看出：

企业信用 = 关系强度 + 企业信用等级

企业信用等级 = 品质（主要是关系指标） + 财务 + 担保

因此，在银行对企业信用的总体评价中，关系因素占了很大部分。同样，关系因素也会对贷款风险产生很大部分的影响。

5.3.2 关系与贷款风险

关系所带来的贷款风险主要体现三个方面：

1. 关系信息甄别风险。关系信息是指银行通过银企关系所收集加工的各种“软信息”。关系所带来的“软信息”很多，且都不是公开信息，存在较大的不确定性和多变性。因此，银行在甄别关系信息中存在信息不全特别是关键信息不全的问题，或可能被一些错误的关系信息所误导，都将对贷款带来风险。

2. 关系合谋。假设交易型信贷的所有信息都是公开信息（硬信息），则关系型信贷与交易型信贷在信息流程上存在根本性的区别。交易型信贷是“银行——企业”两级信息处理流程，而关系型信贷是“银行——信贷员——企业”的三级信息处理流程，信贷员处于其中的核心环节，他既是企业信息的载体，负责对企业信息的收集与加工，又是银行贷款的代理人，发挥着很强的贷款信息选择与决策辅助作用。一旦信贷员与企业合谋，大大增加银行的信息甄别困难。

3. 关系锁定。在银企三级信息处理流程中，关系锁定既有银行与企业之间的关系锁定，一方面银行锁定企业，内化企业信息并促使企业接受高成本的贷款，另一方面是银行被企业锁定，在企业困难时继续提供贷款支持，承担了更大的贷款风险；又有信贷员与企业的关系锁定，信贷员可能会冒着一定的风险为企业伪造信息，同时银行为降低道德风险而采用信贷员利益与企业贷款绑定的激励机制设计，也会在一定程度上加剧信贷员的冒险行为。

5.3.3 银行如何利用关系来提高贷款风险管理能力

银行管理关系并利用关系来提高贷款风险管理能力的方法无非是两个方面：一是对关系进行激励，二是对关系进行约束。

（一）对关系的激励

1. 关系信息产出激励。银行开展关系型信贷能为银行带来信息租金，信息租金的多少首先取决于关系的信息产出。通过激励机制建设，提高关系信息产出，其方法主要有：

（1）将企业的信息产出能力与其贷款的可获得性与贷款利率挂钩，可考虑建立信息产出评价分，并作为一个系数对贷款利率进行浮动。

（2）建立团体信息产出机制，将企业组成一个个团体，通过团体成员之间的渠道或社会资本来增加信息产出。

（3）引入信息产出的第三方渠道，将第三方与借款企业的信息水平与履约情况进行关联，给予第三方一定的激励机制。如引入一些社会中介作为银企关系的第三方，如重视保证人的信息产出等。

2. 关系信息收集加工激励。关系信息收集加工激励是针对银行内部的基层贷款中心与信贷员，可考虑构建区域（某一社区、产业或产业集聚区、专业市场）市场动态通报制度，确定人员（或团队）负责研究并通报市场信息。也可建立交叉信息交流制度，交叉了市场动态或客户动态，增加信息收集加工的渠道。

3. 关系动态维护激励。关系的信息产出需要动态维护，可考虑建立充分利用客户现金流的信息产出机制，因为客户的现金流是对客户经营能力、负债能力的最好反映。比如分期还款机制等、基于现金流的额度授信机制等。

（二）对关系的约束

关系的存在，一方面促使了贷款的开展，但同时也增加了贷款风险。因此，需要对关系进行有效的约束。对关系进行约束的方法主要有：

1. 内部充分授权、责任明晰。关系型信贷中基层银行组织及其信贷员是客户关系的维护者及客户信息的直接接受方与加工方，同时关系型信贷客户具有面广、分散、额度小的特点，因此，银行要建立对基层银行组织及信贷员的内部充分授权制度和责任认定制度，是对关系进行有效约束的前提。另外，充分授权制度还应与简便的贷款流程和高效的贷款审批制度相配合。

2. 激励机制与惩罚机制的对称性管理。在对基层银行组织、信贷人员、客户的激励机制建设中，要保证激励机制与惩罚机制的对称性，是防止银行内部委托—代理关系锁定与银企关系锁定的重要手段。

3. 动态预警机制建设。

其一，银行要建立针对每笔贷款的信贷风险动态预警机制，包括建立动态的信贷安全常规评价与信贷风险报告制度；

其二，要建立行业、产业集群、社区发展的动态分析报告制度；

其三，要专门针对区域社会资本建立相应的动态预警机制。

5.3.4 保证贷款有效性分析

本书所调查的三家地方性银行，其90%以上的贷款都是保证贷款，而且银行也在一定程度上主观倾向于提供保证贷款。经了解，国内许多地方性银行的保证贷款比例都很高，有必要从关系角度进一步补充分析保证贷款的有效性。

1. 保证贷款是关系型信贷适应客户实际情况的选择。小微经济主体缺乏良好的抵质押物品，是其贷款难的一大原因。关系型信贷相比交易型信贷，其优势就是充分利用关系，并将关系作为一种财富来提供“软担保”，而保证贷款与信用贷款就是其主要体现方式。对于银行而言，信用贷款风险大，必须具备良好的基础条件才会提供，保证贷款就成了最优选择。

2. 保证贷款有利于增加了关系租金。保证贷款有在以下三个方面增加了关系租金：一是保证人是“活体”信息源，能持续提供信息产出。从这一点来看，保证贷款相比抵质押贷款具有更多的动态信息；二是保证人拥有一定的社会资本，能通过一定的渠道实现对借款人的监督与约束力；三是保证人自身的声誉机制促使保证贷款能产出更多的声誉租金。

3. 保证贷款在理论上存在更强的道德风险，增加风险管理难度。抵质押物品所提供的是“硬信息”，不存在道德风险。而保证贷款既有借款人的道德风险，又有保证人的道德风险，并存在借款人与保证人之间的合谋机会。因此，银行要加强对保证人的风险提示。从“关系”的收益成本角度看，要充分利用保证人的社会资本，并对保证人提供对称性激励与惩罚。

本章小结

本章研究的目的是将已度量的“关系”运用到银行对企业的信用评价、贷款定价和贷款风险管理之中。

信用评价是银行对企业进行贷款的前期基础工作。关系型信贷与交易型信贷不同，其企业信用评价应立足财务评价与非财务评价相结合，强调对企业家素质的评价，对企业所在的经营环境及其社会资本的评价。因此，关系型信贷的企业信用评价不能离开“关系”本身。本章通过对企业信用结构的分析得出：

企业信用 = 关系（因素） + 非关系（因素） = 关系强度 + 品质 + 财务 + 担保 = 关系强度 + 企业信用等级

因此得出：企业信用等级 = 品质 + 财务 + 担保 = 财务 + 担保 + 行业素质 + 企业素质 + 业主素质 + 社会关系 + 产业约束

企业信用等级由两大类非关系性因素和5个关系性因素共同构成，关系性因素对企业的信用等级评价产生较大的作用。本章以专家意见法遴选出企业信用评价的4个一级指标和14个二级指标，并通过层次分析法赋予各指标权重，最终形成企业信用评价模型。银行可以通过该模型来测算借款企业的信用等级并确定信用等级。

测算出企业信用等级后，目的是用于银行对企业的贷款定价。本章认为，银行对企业的贷款定价反映了企业的所有信息，也即反映了企业信用的总体特征。因此，银行与企业的“关系强度”和银行对企业所测算出来的“信用等级”共同决定了贷款利率。因此，本章采用以“关系强度”和“企业信用等级”为自变量，以“贷款利率”为因变量，以163家企业为样本，进行回归分析，来说明两个自变量的影响程度，为企业贷款定价提供方法。同时，本章对地方性银行普遍采用的积数比定价法进行了理论分析与现实意义的探讨。

贷款业务离不开风险管理，本章最后探讨银行如何将关系用于贷款风险管理之中。本章认为，关系型信贷的关系既为银行贷款带来租金，同时也带来了风险，包括关系信息甄别风险、关系合谋与关系锁定风险。银行应通过构建关系激励机制与关系约束机制，来实现对关系的良好利用。另外，针对市场调查中发现地方性银行大量采用保证贷款的现象，本章也从关系角度分析其有效性。

6 关系型信贷的“关系”扩散分析

前面分析了静态条件下关系型信贷的关系强度，以及“关系”对银行开展客户信用评价、贷款定价、风险管理的作用。但是，我国经济社会和银行业的高速发展，特别是近年来地方性银行实施跨区域扩张后，地方性银行所面临的经营环境有了明显不同，银企关系出现了很大的变化。因此，有必要进一步研究在银企关系变迁的背景下如何发展关系型信贷，实现银企关系的扩散。

6.1 地方性银行发展对关系型信贷的影响

6.1.1 我国银行业结构的变化

从第 2 章的表 2－1 中可以看出，2003—2011 年期间，我国银行业金融机构资产总规模增长了 4.10 倍，而同期城市商业银行资产规模增长了 5.69 倍，农村合作（商业）金融机构（包括农村商业银行、农村合作银行和农村信用社）资产规模增长了 4.78 倍。以城市商业银行、农村合作信用社、农村合作银行、农村商业银行、新型农村金融机构和邮政储蓄银行等为主体的地方性中小银行机构[①]资产合计在 8 年间增长了 5.09 倍，比银行业机构整体水平多增了 1 倍，地方性中小银行机构占全部银行业机构的资产比重增加了近 5 个百分点，达到 24.01%。同期大型商业银行与全国性股份制商业银行合计的资产占银行业金融机构资产总规模的比重，从 2003 年末的 68.73% 下降到 2011 年末

① 邮政储蓄银行是国有大型银行，但其大量提供小额信贷，同时考虑到官方统计数据的可获得性，故将其与其他地方性中小银行合并分析。

的63.56%，下降了5.17个百分点。

近十年来，我国银行业结构发生了很大的变化，可以归纳为以下三个方面：

1. 城市商业银行与农村合作（商业）金融机构挤占了全国性银行业机构的市场份额。从表2-1（第2章）进行简单比较就可以得出，大型商业银行与全国性股份制商业银行的资产规模所占比重下降，绝大多数被以城市商业银行和农村合作（商业）金融机构为主体的我国地方性银行业机构所吸收。地方性银行业机构获得了良好的发展，城市商业银行的规模与数量显著增长，2003年底全国共有的城市商业银行112家，至2010年末城市商业银行为147家，每年均有一定的增加。2011年末，因贵州银行和甘肃银行的兼并重组成立，城市商业银行的数量降为144家。

2. 农村合作银行与农村商业银行纷纷改制成立。我国2003年成立第一家农村合作银行，2004年成立第一家农村商业银行，至2011年末，全国共有212家农村商业银行、190家农村合作银行，此外还有2 265家农村信用社。

3. 新型农村金融机构加速成立，进一步丰富了地方银行业金融机构（见表6-1）。新型农村金融机构主要为小企业和农户提供贷款（两者合计占全部贷款的比重达到80%），是关系型信贷市场的新生力量。

表6-1　　新型农村金融机构发展状况表（截至2011年末）

项目	总数	村镇银行	贷款公司	农村资金互助社
机构数量（家）	786	726	10	50
贷款余额（亿元）	1 316	1 305	—	—
其中：小企业贷款余额（亿元） 占比（%）	620 47.11	—	—	—
农户贷款余额（亿元） 占比（%）	432 32.83	—	—	—

资料来源：《中国银行业监督管理委员会2011年报》，中国银监会网站http://www.cbrc.gov.cn/。

6.1.2 地方性银行的跨区域经营及其对关系型信贷的影响

（一）地方性银行跨区域经营的发展情况

我国城市商业银行跨区域发展始于2006年，快速发展于2009年与2010年。2006年4月，上海银行在浙江开设宁波分行，成为我国第一家实现跨区域发展的城市商业银行。截至2010年底，全国已有78家城市商业银行（占全国城市商业银行总数的53%）实现了跨区域发展，共设立跨区域分行103家。其中东部地区55家，占比54%；中部地区18家，占比17%；西部地区30家，占比29%。另外，有103家城市商业银行在异地发起设立365家村镇银行。2012年以来，银监会严格控制了城市商业银行的跨区域发展，但由于开立相对批复的滞后性，2012年仍有30余家跨省分行和60家省内分行开业。

我国农村合作（商业）金融机构跨区域发展始于2008年。2008年底常熟农村商业银行成为我国首家在异地开设支行的农村金融机构，此后，杭州联合银行、顺德农商银行等都在异地开设了分支机构。农村合作（商业）金融机构跨区域发展的主要形式是设立村镇银行，截至2011年末，我国共有120家农村合作（商业）金融机构发起设立了239家村镇银行。

地方性银行的跨区域经营呈现以下特点：

其一，跨区域经营首先是银行发展的内在要求。自1996年全国大范围组建城市商业银行以来，城市商业银行一直平稳快速发展，资产规模明显扩张。至2011年末，我国城市商业银行资产总额占全国银行业金融机构总资产的8.82%，前十大城市商业银行的资产规模都在2 000亿元人民币以上，最大的城市商业银行（北京银行）的资产规模接近1万亿元人民币。至2011年末，农村合作（商业）金融机构资产总额占全国银行业金融机构总资产的11.35%，资产总额排名前几位的农村合作（商业）金融机构的总资产均在1 000亿元左右。资产规模的扩大带来了银行区域扩张动力，同时，这些银行业机构稳健的业务营销模式和较好的风险控制能力，也为其跨区域扩张打下良好基础。

其二，跨区域经营受政策驱动并受政策调控。在地方性银行跨区域经营内在要求强烈的背景下，2006年初，中国银监会颁布《城市商业银行异地分支机构管理办法》，采取“分而治之”的监管思路，明确鼓励有实力的城市商业银行通过收购、重组或直接设立分支机构等模式来实现跨区域经营。2008年上半年，银监会明确允许和鼓励公司治理规范、规模达到要求、经营业绩优异、风险管控良好的农村中小金融机构跨区域设立异地分支机构。2009年，银监会又颁布了《关于中小商业银行分支机构市场准入政策的调整意见（试行)》，进一步放松对中小商业银行在西部和东北等地设立分支机构的限制。2009年7月，银监会发布了《新型农村金融机构2009—2011年工作安排》，大力鼓励村镇银行、贷款公司、农村资金互助社等新型农村金融机构的发展。但当我国地方性银行跨区域经营过热后，银监会在2011年下半年开始又严格控制其跨区域开设分支机构，并于2011年7月发布《关于调整村镇银行组建核准有关事项的通知》，上收村镇银行审批权并从严审批。因此，我国地方性银行的跨区域经营发展与政策要求密切相关。

其三，紧省外、宽省内，紧分支机构、宽村镇银行，是跨区域发展是最主要趋势，体现了地方性银行适度扩张的原则。在宽松政策刺激下，许多中小型的城市商业银行也开始向省外市场扩张，不利于整体金融市场的稳定。因此，在跨区域范围选定上，政策层将会继续鼓励省内或周边区域的适度扩张；在机构模式选定上，村镇银行的开办将优先于分支机构设立。目前来看，城市商业银行和农村合作（商业）金融机构是我国村镇银行开办的主要发起人。截至2011年末，这两类机构所开办的村镇银行就有604家，占全部村镇银行总额的83.2%。2012年5月银监会出台了《中国银监会关于鼓励和引导民间资本进入银行业的实施意见》，进一步放宽民间资本投资入股村镇银行比例，这有利于地方性银行以发起创办村镇银行的模式实现跨区域扩张。

（二）地方性银行跨区域经营的市场定位

小银行优势理论认为，小银行在对中小企业融资上具有相对优势，因为小银行的组织结构有利于其生产软信息，在关系型借贷上拥有比大银行更多的优势。而大银行的组织结构擅长于生产硬信息和发放交易型信贷。从银行组织体系的分层结构来看，地方性银行是小银行，要获得相对优势，就要坚持服务于区域经济，服务于中小微经济主体的市场定位。银行组织体系的分层结构与经济组织体系的分层结构相适应，大中型经济主体的金融需求主要由大中型银行来服务；而地方性银行中，除极个别银行因所在区域经济条件及自身的发展能力逐渐发展成为全国性中等银行外，绝大多数的地方性银行在实现跨区域扩张后，其在传统服务地区及新进入的区域，都将长期坚持原有的市场定位。

从我国目前地方性银行跨区域发展的实际情况来看，跨区域经营后，这些银行的主体市场定位没有发生改变，地方性银行的异地分支机构或村镇银行都坚持服务于中小企业、个体经济和农户，坚持发放小微贷款。如总部在浙江台州市的浙江泰隆商业银行，已设有杭州、宁波、苏州、上海、金华、衢州、丽水7家分行。截至2011年末，该行一般贷款余额为224.33亿元，贷款户数为39 615户，户均贷款余额为56.63万元。其中100万元以下贷款客户数占全行一般贷款客户数的89.38%，500万元以下贷款客户数占全行一般贷款客户数的99.39%。该行2007年在浙江丽水开设异地第一家分行，图6－1显示该行设立异地分支机构后并没有降低小微企业贷款比重，反而在4年内上升了6个百分点。至2011年末，该行小微企业贷款余额占全部贷款余额的比重达到86.03%。

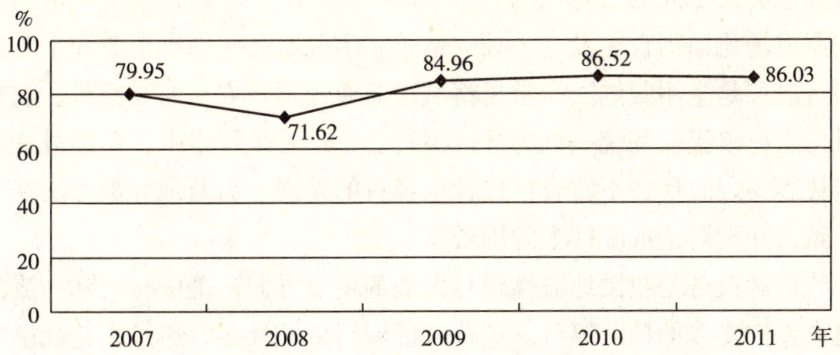

资料来源：银行公布的2011年度社会责任报告，浙江泰隆商业银行网站。

图6-1 浙江泰隆商业银行小微企业贷款余额占比

再以浙江台州的另一家地方性银行——台州银行为例。台州银行已开设杭州、温州、舟山3家分行，发起成立了浙江三门银座、深圳福田银座、北京顺义银座、江西赣州银座、重庆渝北银座、重庆黔江银座和浙江景宁银座7家村镇银行。台州银行一直坚持服务地方经济，服务小微企业的定位。截至2012年末，台州银行贷款总余额366.62亿元，贷款户数为62 731户，户均贷款余额为50.77万元。2007—2011年的户均贷款余额分别为37.75万元、39.35万元、40.95万元、41.09万元、46.46万元，户均贷款余额增幅基本上与我国小微企业的平均规模增幅相似。2012年末，下辖三家分行的户均贷款余额分别为：杭州46.71万元，温州61.30万元，舟山71.45万元，7家村镇银行以简单平均测算的户均贷款余额为51.06万元，都与全行数据不相上下，特别是下设于大城市杭州的分行户均贷款余额低于全行数据，可见台州银行的异地分支机构与村镇银行的市场定位与本部的市场定位高度一致。

（三）地方性银行跨区域经营并不改变关系型信贷的主体地位

我国地方性银行实质上就是美国的社区银行。社区银行一词来自英文"Community Bank"，各国有不同的称呼，如日本称做地方银行，德国称做区域性银行。关于社区银行的界定，一般有以下三种模式。一是直接按规模来区分，如William Keeton（2003）、Berger等（2004）将资产在10亿美元以下的银行认为是社区银行。二是结合规模与服务特征（主要是服务区域、服务对象）予以确定，如美国独立社区银行协会（Independent Community Bank of America，ICBA）的定义[①]是"本地所有、独立营运的，资产规模通常在几百万

① Independent Community Banks of America，http：//www.icba.org.

美元和数亿美元之间的银行机构"。巴曙松（2002）定义为：在一定的社区范围内按照市场化原则自主设立、独立运营、主要服务于中小企业和个人客户的中小银行。三是采用归纳法，常见将城市商业银行、农村商业银行、农村合作金融机构、村镇银行等统一称为社区银行。上述三个界定中，单纯以规模来衡量只能代表一定时代，不符合现代社区银行的发展，另两种界定方法在指向上基本一致，并没有造成统计上的困难。

现代社区银行是我国地方性银行发展的主要方向。美国有国际一流的大银行，也有许许多多的社区银行。这些社区银行依托社区，通过内化社区经济活动信息，主要开展关系型信贷和其他关系型银行业务。Berger 等（2004）[①]通过实证分析得出：具有发达社区银行的国家会有较高的中小企业就业份额、较高的 GDP 增长和较好的银行业效率，有较大的信贷流。王爱俭[②]提出了社区银行市场定位的三种发展策略，一是差别化战略，二是地区化战略，三是阶段化战略。因此，发展现代社区银行，其一，立足社区，服务于社区是地方性银行获得生存和发展的基本前提。地方性银行在近几年来快速发展，但其发展的基本动力在于与区域经济紧密结合，在为区域中小企业、个体经济和农户提供良好的资金支持中发展壮大。其二，发展社区银行有利于地方性银行发挥自身优势，有利于改善本区域的社会信用，促进区域中小企业建立良好的信用习惯，并形成区域信用约束力，促进整个社会的信用体系建设。其三，现代经济社会的发展需要地方性银行进一步完善业务流程，丰富金融产品，创新理财产品，为社区提供更加综合化的金融服务，发展成为现代社区银行。

因此，关系型信贷市场并没有因为地方性银行跨区域扩张而萎缩。相反，地方性银行的跨区域扩张，促进了关系型信贷的发展。Berger（2001）认为中小银行是中小企业的最佳融资伙伴，中小银行对中小企业信贷服务要坚持关系贷款；范香梅等[③]认为：大银行适应跨区域发展可获得理论上所谓的规模经济、范围经济、风险分散化等好处，中小银行却不宜盲目跨区域扩张，应把一定区域内从事关系型银行业务作为长期经济战略。

① 引自：《社区银行研究文集》，北京，经济科学出版社，2006。

② 引自：《社区银行研究文集》，北京，经济科学出版社，2006。

③ 范香梅、邱兆祥、张晓云：《我国商业银行跨区域发展的经济效应研究》，载《财贸经济》，2011（1）。

6.2　银企关系的变化与关系型信贷的挑战

6.2.1　银企关系的变化

随着改革开放以来经济的高速发展，我国的社会结构和社会关系发生了很大的变化，与此同时，关系型信贷的核心——银企关系也逐渐发生变化，主要归纳如下：

1. 银企关系变化的核心体现：从人际关系逐渐朝服务关系过渡

银行作为社会经济组织，它与社会其他经济主体的业务往来需要通过其代理人——业务人员（主要是客户经理）来完成。在传统的银行业务中，银行与客户的关系往往体现在其代理人与客户的关系上。因此银行业务人员的社会资源和人际关系成为其开展业务的重要平台和渠道。

随着经济社会的发展，一方面，企业的金融需求不断多元化，需要银行提供更为综合化的金融服务；另一方面，信息技术的进步使得企业的许多金融业务不再需要通过银行的代理人，而可以直接通过银行提供的电子技术完成，银企关系中的人格魅力不断淡化。因此，银企关系将不断弱化人际关系，而不断强化金融服务关系。

2. 银企关系变化的外部表现：从关系锁定逐渐发展为关系竞争

在相对垄断的区域金融业务市场上，由于市场供给不足，地方性银行实现了对本地区小微经济主体的关系锁定。银企关系锁定既有利于银行更充分地内化企业信息，提高企业的贷款可获得性，同时又可能产生垄断租金，增加企业的融资成本。跨区域经营有效地促进了地方性银行之间的竞争，逐渐打破银企关系锁定，形成竞争性的银企关系。竞争性的银企关系有利于银行和企业之间形成更为平等的融资关系，有利于企业得到均衡利率的信贷资金。

3. 银企关系变化的社会根源：从乡土社会逐渐向契约社会过渡

银企关系的变化根植于社会结构与社会关系的变迁之中，在我国由传统的乡土社会向契约社会的缓慢演进中，社会信任结构发生变化，银企关系也逐渐发生变化。银企之间是社会交易的一部分，在乡土社会下，由于地方性银行的贷款对象缺乏必要的公开信息，其许多有价值的信息都内化于费孝通先生所提出的“差序格局”中。银行必须有效地利用乡土社会的差序格局，来获得融资评判的必要信息，以及对借款人的约束力。随着社会的发展，契约社会的团体格局逐渐显现，形成差序格局与团体格局共存的社会格局。因此，银行也必须主动调整银企关系结构，积极利用团体格局的社会信息产出机制和社会约束机制，这就是银企关系变化的社会根源。

但是，银企关系的演化将是漫长的过程。一方面是由服务对象及其特征所决定的，地方性银行主要服务于本地区的中小企业、微型企业、个体经济和农户，这些经济主体的经济活动信息一般是非标准化的；另一方面是由地方性银行所在区域的金融关系所决定的，这些区域一般都在城市的郊区、县域城区及乡镇村等农村地区，银行业机构相对较少，银行业竞争并不激烈，银企关系锁定现象较为普遍。

因此，社会发展与社会结构的变迁促进了银企关系的深化，对传统的地方性银行的关系型信贷形成一定的挑战。

6.2.2 关系型信贷的挑战

（一）美国社区银行面临挑战的借鉴

对美国社区银行发展所面临挑战的剖析，为分析关系型信贷的挑战提供了很好的借鉴。DeYoung 等（2004）通过对美国 20 世纪 70 年代以来在金融制度和技术方面的变化分析，得出美国社区银行的挑战：一是银行业的大规模并购使得社区银行数目大大减少，从 14 000 多家下降为 6 000 余家；二是技术进步使得小银行的竞争力下降；三是飞速发展的网络技术使得社区银行的网点优势逐渐消融；四是金融管制的放松使得社区银行在区域上的垄断地位丧失；五是信息技术的进步使得金融脱媒，所有银行同样面临更大的竞争压力，许多小银行实力弱、盈利能力差而遭淘汰。康卫华（2005）认为美国社区银行数量下降是因为信息技术的进步和电子银行的发展、人才劣势、成本优势丧失和没有规模经济。

（二）当前我国关系型信贷所面临的挑战

结合前面对我国地方性银行发展和银企关系变化的分析，本书认为关系型信贷在新时期所遇到的挑战主要有：

1. 社会关系复杂化的挑战。乡土社会的变迁和契约社会部分特征的显现，使得现代社会特别是发达地区的社会进入差序格局和团体格局并存的局面。社会关系进一步复杂，一方面以族缘、地缘、血缘关系为基础而形成的社会结构仍是主流，熟人经济和熟人关系仍发挥着强大信任功能；另一方面，社会流动增强，以市场组织关系、产业组织关系（如横向产业集群关系、纵向产业链关系、行业协会关系等）等形成不断地形成新的社会团体关系，这些社会团体关系越来越表现出协调、相互约束等组织功能。适应社会关系复杂化并建立新的银企关系，对地方性银行的关系型信贷提出了挑战。

2. 信贷技术进步的挑战。这个挑战有两个方面，一是现代技术飞速发展，但地方性银行由于规模小、单位成本高等问题，限制了关系型信贷的技术发展，不能很好地满足客户的需求；二是客户的许多交易信息通过网络及其他先进技术来完成，再通过传统的人际关系渠道来掌握客户信息已变得落后和片面，如何利用新的信息载体成为关系型信贷发展的一大挑战。

3. 跨区域经营的挑战。地方性银行擅长关系型信贷，实现跨区域经营后，其在异地也将保持原有的市场定位，则关系型信贷成为异地分支机构信贷模式的最优选择。但是，客户的软信息收集与处理是一个较长期的过程，银行在新进入区域难以一下子形成熟人经济，而且不同区域的经济结构、社会关系、生活习俗等有所不同。如何在异地快速重构关系型信贷，建立适应当地经济社会特点的银企关系模式，又是关系型信贷发展的一大挑战。

6.3 关系型信贷的“关系”扩散路径

前面的分析告诉我们，银行的实力增强、跨区域经营和市场竞争加剧是当前地方性银行发展的新动向。地方性银行的发展并没有改变其关系型信贷的主体地位，但由于社会结构、社会格局的变化，银企关系结构也发生了变化。为此，关系型信贷要适应变化，实现关系的扩散。

6.3.1 关系型信贷关系扩散路径的概括分析

分析关系型信贷关系扩散的逻辑，首先要立足关系扩散的根本原因。关系型信贷的关系扩散，外在因素在于地方性银行的跨区域经营和银企关系竞争，而根本原因在于社会结构和社会关系变化下银行解决信息不对称问题的适应性变迁。

地方性银行所处的信贷市场，是典型的不完备市场，即信息流通不畅，市场只能利用不充分的信息条件来配置资源。在不完备市场上，由于契约不完整、契约执行制度不全或实际执行困难，就会内生出一些替代性的市场治理结构来支撑着市场的运行。在地方性银行的信贷市场上，同样会内生许多替代性的市场治理结构，形成有效的市场治理方式。地方性银行在开展关系型信贷中，若能有效地利用市场内生治理结构，或进一步讲，若能有效地促进信贷市场内生治理结构的形成，就能更有效地解决信息不对称所产生的道德风险和逆向选择问题。

李晓义、李建标（2009）认为，不完备市场通常的替代性治理方式有双边关系治理、多边关系治理（声誉治理）和中介治理三种。遵循这一逻辑，那么在关系型信贷市场中，银企关系中提升市场约束力的治理结构也应该有双边关系治理、多边关系治理（声誉治理）和中介治理三种。本书认为银企双边治理结构的优化应体现为银行通过完善内部的委托—代理关系，更科学地设计银行内部的代理层组织；多边关系治理（声誉治理）应体现为企业团队的构建，形成企业团队的信息流和约束力，并通过一定的激励机制设计为银行所利用；中介治理应体现为将中介组织引入银企关系中，银行通过对中介组织的激励来激发其对企业的信息流与约束力生产，从而获得潜在的市场剩余。

因此，企业团队构建、中介组织选择与利用、银行内部委托—代理结构优化，就成为现代地方性银行关系型信贷关系扩散的主要途径，图 6－2 可以概括地反映关系型信贷关系扩散下的银企关系变化。

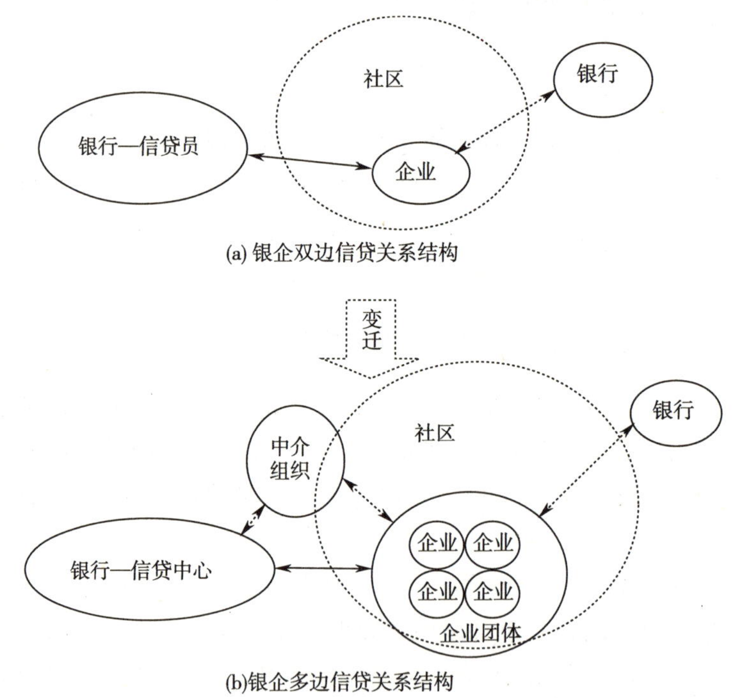

图 6－2　银企关系扩散路径示意图

图中又分为上下两个小图，图 a 表示为传统的银行企业双边信贷关系结构，图 b 表示为关系扩散后的银行企业多边信贷关系结构。从图中可以看出：在传统的关系型信贷中（图 a），银企关系完全内化为银行与企业双方之间的关系。关系银行拥有企业的公开信息，但企业的非公开信息则大部分由银行的代理——信贷员所掌握。信贷员成为银企关系中的信息体，不断地从企业自身及企业所嵌入的社区所形成的社会资本中收集加工企业的各种信息，形成第一手的信贷决策资料。企业除与关系银行开展金融业务外，还可能与个别银行形成信贷业务，这些银行很大程度上产生对关系银行的“搭便车”现象。银企关系体现为银行与企业之间的双边互动关系，社区成为银企双边关系信息产出的另一个主要的信息源，但社区与银企之间的关系是松散的，还没有为银企关系提供有约束力的支持。

在银企关系的不断变迁中，社区持续产出的社会资本不断地被银行所挖掘和利用，外部的第三方组织也被银行引入银企关系中，为银企关系提供更多的信息生产和约束力支持。同时，银行信贷员模式的演进不断完善银行内部的委托—代理关系。因此，银企关系结构演化为更为复杂的结构（见图 b）。在银企关系不断扩散下，银企之间形成更为复杂的多重关系：银行与贷款企业的关系、贷款企业与团体内其他企业的关系、银行与企业团体的关系、银行与中介组织的关系、中介组织与企业及企业团体的关系、银行内部的委托—代理关系等。

因此，下面将分别分析关系扩散的三个维度：企业团体构建、中介层发展和贷款中心建设。

6.3.2 企业团体构建：从银行与个体的关系向银行与团体的关系扩散

为方便分析，本书先从对产业集群的分析入手，掌握产业集群内部的企业关系结构和社会资本，并进一步拓展到产业集聚区、专业市场等广泛存在企业团体的社会经济组织体系中。

（一）产业集群发展与社区范畴的延伸

自 1990 年美国教授波特[①]将产业集群（Industrial Cluster）概念正式、广泛引入经济学分析以来，人们对产业集群的关注日益加深。波特及其研究团队发现，美国等西方发达国家在 20 世纪 70 年代以后普遍出现产业集群，产业集群是工业化进程中的普遍现象，它对提升国家竞争优势的关键至关重要。我国自 20 世纪 90 年代以来产业集群不断涌现，当前我国产业集群无处不在，几乎在

① ［美］迈克尔·波特：《国家竞争优势》，李明轩、邱如美译，北京，华夏出版社，2002。

每个产业或产业链上都形成众多的集群现象，产业集群已成为影响经济社会的重要经济单元。

1. 产业集群是区域内产业专业化分工和企业间合作竞争发展的结果

对产业集群的界定存在不同的提法，通常的称呼有企业集群（Enterprises Cluster）、区域集群（Regional Cluster）和区域产业群（Regional Industrial Cluster）等。这些概念都有相同或相似的含义，一般都认可产业集群是特定区域或特定产业领域内的关联企业及相关辅助机构的有机集合。产业集群强调了企业之间的地理相近性、产业关联性和内部互动性，它不是简单的企业集合，而是企业聚集在一起并产生频繁的交易，内部形成技术合作、生产的横向合作与层次上的合作和管理合作等，并最终产生超越其他地方同一产业的竞争优势。Nassimbeni（1998）认为，产业集群是在技术和生产层次上彼此联系的众多企业，共同位于某个有限地理区域内而形成的一种网络关系。在该网络内部，企业、公共机构和当地行业协会之间存在广泛的互动和协调。

产业集群的专业化分工，本质上就是企业内部分工的外部化，是集群内部企业之间的分工来替代一家大型企业内部分工的经营模式。因此，集群内的专业化分工既有竞争，但更强调合作，用市场的分工协作机制、竞争机制和相互激励机制来替代大型企业的内部管理工作机制。产业集群内部各企业与其他辅助机构之间具有较紧密的关系网络，并形成丰富的信息流和强大的约束机制。

2. 产业集群具备社区的特性，是现代社区的创新组织形式

首先，有必要对社区概念作个说明。“社区”一词源于拉丁语，意思是共同的东西和亲密的伙伴关系。20 世纪 30 年代初，费孝通先生在翻译德国社会学家滕尼斯著作 *Community and Society* 时，使用了“社区”中文。社区的原始含义是指有共同文化与习俗的居住于同一区域的人群，后来，社区一词的内涵不断丰富，特别是信息化时代下，社区可以指某一网络板块。但在现实经济生活中，社区可以表述为一个地理区域内，具有相同特征的人群或组织的聚集。

产业集群内大量的产业相关企业、辅助机构在专业化分工的基础上，形成相对紧密的网络结构关系。集群内企业与机构之间彼此信任，相互合作，并嵌入于由区域经济主体所构成的关系网络及区域整体规范、价值体系之中，形成共同的集群文化。因此，产业集群具有社区的典型特征，是现代社区的创新组织形式，进一步延伸了现代社区的范畴。

（二）产业集群中企业团体结构与社会资本

1. 企业的经济关系网络与企业团体

首先，我们来分析产业集群下企业经济关系网络的变化。图 6－3 直观地

反映了企业处于产业集群下的经济关系网络变迁。

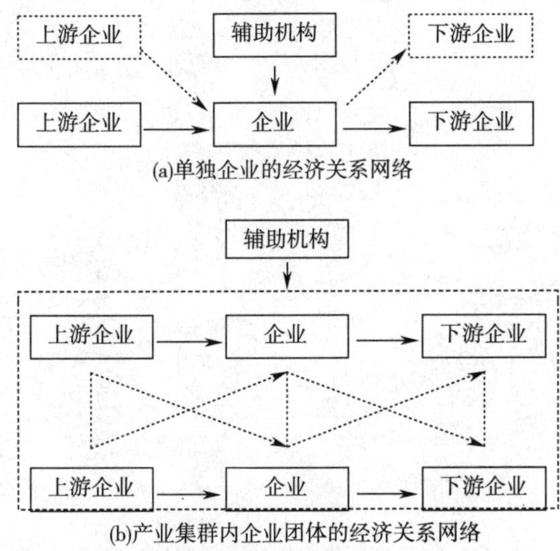

图6－3　产业集群下企业经济关系网络变迁示意图

图 a 反映的是没有处于产业集群中的企业经济关系网络。假设企业的产业链相对简单，企业主要与一家相对固定的上游企业及下游企业发生经济交易，同时也可能与其他次要的上下游企业发生补充性的经济交易。因此，企业的经济关系是较为单一的，呈线状结构。

图 b 反映的是处于产业集群中的企业经济关系网络。由于产业集群中每一个产业链上的企业是一个庞大的群体，因此整个产业集群是一个立体的、多链的和多元的经济关系结构。其中最简单的结构是双链式供应链结构，本书就以该结构进行展示。若增加供应链，则经济关系网络将以几何倍数增加。从图 b 中可以看出，处于相同产业链的企业之间存在竞争与合作（技术上、业务上和管理上的合作），同时上下游企业之间也存在交叉供应的竞争与合作。因此，每一家处于产业集群中的企业，都能通过业务交往实现对其他相关企业的信息生产与约束，即企业与关联企业形成企业团体，整个产业集群也由此形成一个个不断叠加的企业团体结构①（见图6－4）。

2. 企业团体的社会资本结构

前面从企业经济关系网络结构的发展简述了企业团体的产生，但同时，在

① 图中的小圆圈表示一个企业组织，大圆圈表示一个企业团体，关系从紧密逐渐走向松散（实线到虚线）。

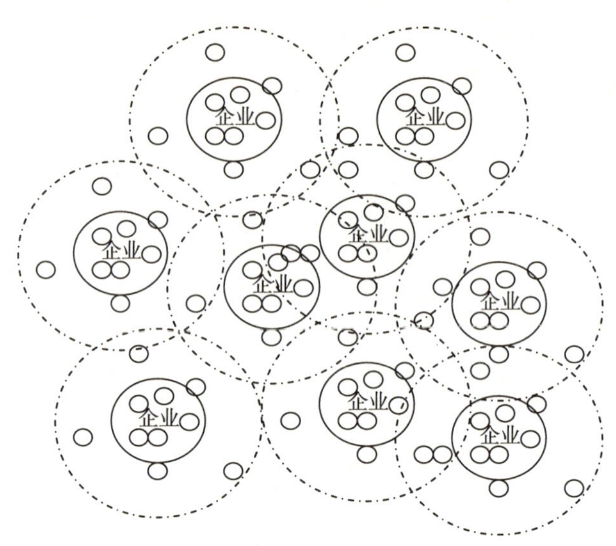

图 6－4 产业集群中的企业团体示意图

考察企业团体结构时，不得不考虑我国的社会关系结构。虽然随着我国经济社会的发展，契约社会的许多特征不断显现，特别是在经济交易中，人们越来越重视以成本、效率等因素来评价合作对象，而降低对血缘、族缘、地缘等因素的关注，这种情况在重复的经济交易中尤其明显。但从本质上看，我国仍是乡土社会主导的社会关系结构。因此，企业在构建其团体结构时，既遵循差序格局的规则，又接受团体格局的规则，企业团体是差序格局与团体格局共存的社会结构形式。

图 6－5 反映了在经济关系和社会关系共同作用下的企业团体组成及其社会资本结构。横轴表示经济关系，纵轴表示社会关系。越接近原点，表明经济关系和社会关系越紧密；相反，则表明经济关系和社会关系越疏远。本书第 2 章对社会资本的分析已告诉我们，一个经济组织的社会资本由其所构成的关系网络和所在的区域文化共同决定的，而关系网络又包括社会关系网络和经济关系网络。上文分析企业团体的经济关系网络指出其有横向竞争合作关系和纵向的交易关系；另外，根据费孝通先生的差序格局理论，社会关系以血缘、族缘、地缘的紧密程度层层推远。同时，一些辅助机构向企业提供着程度不等的服务。

经济关系是嵌入到社会关系之中的，在同时遵循差序格局和团体格局的复合格局结构下，企业以经济交往和社会关系两个维度来构建企业团体，形成相对稳固的团体组织形式，并形成企业团体的社会资本。

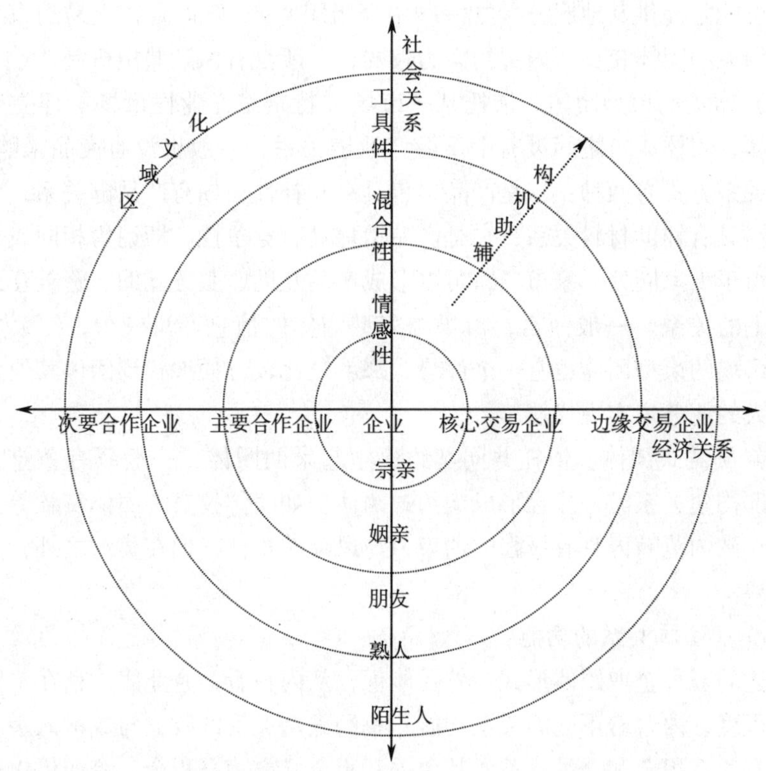

图6-5 企业团体构成及其社会资本结构示意图

（三）企业团体的构建模式

1. 企业团体形式

在我国社会经济生活中，企业团体往往外在表现为以下五种形式：

（1）关系约束型团体。依托社会关系建立起来的企业团体，团体内的企业主之间存在血缘、族缘或地缘上的关联，他们之间在业务与资金上相互合作，相互掌握彼此的内部信息。现实中，在一些乡镇及小城市，一个家庭可能是一个小产业、一个小市场。关系约束团体是费孝通先生所讲的差序格局在经济活动中的一种典型体现。

（2）生产约束型团体。依托产业链建立起来的企业团体，团体内成员之间存在直线或交叉式的上下游关系，同时也形成彼此之间以赊销、预付、票据交易等形式为载体的资金关系。团体成员之间的生产关联与资金关联，较好地保证了团体的稳定性，这些团体形式在产业链及产业集群中较为普遍。

（3）交易约束型团体。依托产品交易、服务交易等建立起来的非生产约束型的企业团体，团体成员之间可能只是商品采购关系而没有上下游产业链关系，也可能是提供其他服务（如一些中介组织）。一般而言，交易约束型团体与生产约束型团体相比，内部约束力较弱，一般没有风险共担机制。

（4）市场约束型团体。依托某一市场（特别是专业性市场）建立起来的企业团体，团体成员之间没有上下游产业链关系，一般也没有商品采购关系，其经济关系方式有两种：一是产品销售具有互补性，如有产品链关系，或与某产品之间具有辅助材料关系；二是产品销售具有竞争性，即销售相同或替代性产品。由于大家同处一家市场，可以形成产品互助、服务互助、资金互助或人员互助上的关系。一般而言，市场约束型团体的信息产出较少，约束力也不强。但市场约束型团体也有一个优势，那就是比较方便地找到团体其他成员处理借款人的业务来实现代偿。

（5）契约式团体。依托共同契约建立起来的团体，一般只有企业团体共同与外部构建关系时，才会形成契约式团体，如团体投资、团体贷款等。契约式团体在契约范畴内具有极强的约束力与风险共担性，但在契约之外，其团体功能较差。

2. 企业团体关系的功能

上述的五种企业团体形式是外在体现，从内在看，企业团体存在不同的关系紧密程度，内含着不同的关系功能。我们先从关系的收益与成本入手，关系的收益有关系租金和合约收益，其中关系租金又有信息租金、跨期优化租金和声誉租金等。常见的企业团体是非契约化的，企业团体之间难以形成合约收益。单从企业团体内部来看，企业团体的建立，同期可产出信息租金、跨期优化租金和声誉租金。其中信息租金是指企业团体内部可形成许多内部信息，这些信息建立在企业团体的长期合作关系之上，不为企业团体外部所掌握，实现了信息产出；跨期优化租金是指企业团体的成员之间，基于对其他团体其他成员的长期判断而作出的决策，这些决策可能是为其他成员的暂时性困难提供资金援助、融资担保援助、技术与管理支持等，从而实现企业团体总的租金的跨时平滑；声誉租金是指企业团体所建立的非契约性合作或契约性合作，促进团体成员对其他成员的监督与约束，来保证企业团体的整体声誉。

由此，可以得出企业团体的关系功能包括有团体信息产出、团体监督与约束、团体合作援助和团体风险承担，并形成四种功能观的团体模式：信息团体——合作团体——约束团体——风险团体。这四种团体具有功能上的递进性，后一种团体一般包含了前一种（几种）团体的功能。信息团体中成员之间没有业务上的合作，只是相互之间有良好的社会关系，能掌握成员之间的内部信息；合作团体中成员之间有业务上的合作，并通过业务合作和社会关联产生信息；约束团体除前者之外，还有较强的声誉租金，形成较强的相互监督与约束力；风险团体的成员之间一般具有情感性社会关系，如家人或近亲，或是核心交易企业，或是契约团体，他们之间具有风险的传递性。

五种企业团体形成与功能观角度的四种企业团体模式之间是相互交叉的，除契约式团体属于风险团体外，其他每一种企业团体形成都因功能不同而有四种不同的模式。因此，社会上形成了具有不同功能的不同企业团体形态，对于企业团体的交易对象（比如银行）而言，如何评判企业团体并与之建立相应层次的合作，是至关重要的。

（四）银行的关系利用策略

经济关系网络与社会关系网络的双重变迁，使得银行与企业之间的单一直线式关系网络已不能适应社会发展的需要。银行在传统的业务服务区域，或进入新的陌生区域内，要重视与社会团体建立关系，积极利用已有的企业团体，主动促进企业团体构建，利用企业团体实现信息生产，形成企业团体内部的合作与监督机制，形成团体约束力，或进一步形成风险共担机制，以获得更大的关系租金。

因此，银行可以利用的策略有：

1. 广泛利用社区。地方性银行是社区银行，要充分利用社区的功能，理顺社区内部的经济关系网络与社会关系网络，发现社区中的企业团体。即使是新进入区域，找社区应该也是个捷径。

2. 依托产业链与市场。产业集群中有清晰的产业链，即使产业集群不显著的区域，一般也都有相同经营领域的企业，或有上下游产业链关系企业共存，都可以形成企业团体结构。同样，一个市场本身就是一个社区，有竞争、有合作，从中可以构建企业团体。找产业链、找市场也是银行在新进入区域构建关系型信贷的良好渠道。

3. 探索团体式贷款。联保贷款（或小组贷款）、共建资金池式贷款等，都是团体式贷款的表现形式。团体式贷款形成风险共担机制，具有极强的内部监督与约束能力，但同时也存在团体风险转嫁与连锁反应问题（特别是同类企业的团体）。

4. 完善激励机制。激励机制是能否构建稳定的企业团体，以及企业团体能否为银行所利用的重要因素。激励机构既要有正向激励，也要有反向激励——惩罚，将企业团体中各成员的内部信息产出能力、监督与约束能力、合作与援助能力等与其贷款条件（担保条件、利率水平等）、贷款可获得性结合起来，激励方式有贷款条件优惠激励、贷款额度激励、贷款成本激励等。

需要说明的是，构建企业团体并不是要求银行将几个关联企业结合起来进行团体式贷款，团体式贷款只是其中极少的一部分。简单地说，如银行发现企业团体关系后，可通过团体来掌握信息、监督和约束贷款人，或将其中的团体成员建议为保证人等。构建企业团体对银行的现实意义是，银行通过企业团体来扩散并形成关系型信贷的关系，以获取信息租金、跨期优化租金和声誉租金。

6.3.3 中介层发展：从银企双边关系向银企多边关系扩散

（一）银企关系中为何要引入中介层组织

1. 中介层组织引入是不完备市场治理的需要

关系型信贷是在不完备市场下，银行为公开信息不全面、担保不充分的经济主体提供的具有相对优势的信贷模式，而前文已经分析了不完备市场有三种替代性治理方式：双边关系治理、多边关系治理（声誉治理）和中介治理。企业团体构建应是多边关系治理（声誉治理），而中介治理就是在银企双边线性关系中引入第三方——中介层组织，银行通过建立对中介层组织的激励来获取剩余信息，并实现更强的约束力。

2. 中介层组织引入是解决社会资本不足问题的需要

社会资本能增进信用功能，形成信息机制和可置信惩罚机制，也即实现信息产出和团体约束力。但不同的社区（广义概念，包括产业聚集区或市场等）或企业团体的社会资本产出是不同的，许多企业所在的社区或其形成的企业团体的社会资本产出较少，无法向银行提供足够的信息与内部约束力。而同时，在社区或企业团体外部存在一些社会中介组织，它们可能具有更强的信息流或惩罚性资源，能更清楚地掌握借款人的信息、更好地监督或约束借款人。将这些中介组织引入社区或企业团体中，能增加社区或企业团体的社会资本，以达到银行对借款人提供关系型信贷的需要。

3. 中介层组织引入是解决银行对社会资本利用不足问题的需要

社会资本的实际产出还取决于使用者的利用效率，实际利用的社会资本比潜在的社会资本更为重要。对银行而言，其作为社区或企业团体的外部组织，需要考虑通过渠道创新与机制构建来更有效地利用社会资本，而社会中介组织的引入可以为银行提供很好的渠道。

4. 中介层组织引入是解决信息与约束的距离衰减问题的需要

空间信息理论认为，信息在空间的传播一般遵循距离衰减原理。距离越远，信息的有效传播率就越低，用函数可表示为

$$P(r) = Ae^{-br}$$

其中，r 为距离，A 为常数，b 为距离衰减速率。则 $P(r)$ 为 r 距离外信息的有效的接受水平。

银行与借款人、借款人所在的社区存在一定的空间距离，距离越远，则银行收集信息的难度将越大，其对借款人的监督能力将降低，不利于银行对借款人的约束。引入中介层组织可降低信息距离，有效地拓展银行的信息边界。特别是在合理的激励机制下，中介层组织的主动性信息处理，不仅没有因银企之间空间距离大而减少信息产出，相反，可以增加信息产出和增强约束力。

（二）中介组织的引入：银企关系网络变迁与社会资本结构

1. 中介组织引入后银企关系网络的变化

图6－6中的图a反映了中介组织引入后银企关系网络的变化。在最为简单的银企双边关系下，银行与企业单独发生关系，其网络关系是单一直线型。一般而言，经济学上的中介组织根据风险承担机制可分为两种，一种是信息中介，另一种是风险中介。信息中介只提供信息及其派生的监督与约束力支持，一般不承担风险；风险中介又可分为完全风险中介结构和部分风险中介结构，完全风险中介结构下中介组织是风险的完全承担方，如银行将贷款先发放给中介组织（如信用合作社、信用协会或基金组织等），再由中介组织选择借款人并独立作出贷款决策（见图a中间的图）。这种风险中介结构在我国极为少见，本书不对该模式进行分析。部分风险中介结构一般是中介组织以契约合同形式加入关系之中，为关系结构增加信息产出，并为关系结构的稳定提供相应的权利与义务，如担保机构等。对我国地方性银行而言，信息中介结构和部分风险中介结构是中介层的主要网络结构。

从图a中可以判断，中介组织的加入有利于信息产出。其中，右图显示该模式有两条信息渠道，一是银行与企业（包括企业团体，下同）直接的渠道（X），二是银行与中介组织的渠道（Y），加上中介组织与企业的渠道（Z），即YZ渠道。X渠道是基本信息渠道，取决于银行对企业的掌握及其社会资本的利用程度。YZ是辅助渠道，取决于中介组织对企业掌握及其社会资本的利用程度，以及银行对中介组织的利用程度（又取决于银行对中介组织的激励设计）。两个渠道的信息会有重叠，重叠程度与两个渠道的信息量相关。银行在删除重叠信息后，可以从YZ渠道获得更多的补充信息，而补充信息绝大多数都是内部信息，对全面掌握企业情况非常有利。因此，中介层模式能有效地增进银企之间的信用程度。

2. 中介组织引入后的社会资本结构

图6－6中的图b反映了中介层模式下的社会资本结构。企业往往处于某一社区（包括产业聚集区、市场等，下同）内，形成一定的社会资本（以粗型虚线表示）。中介组织引入后，增加了中介组织与企业的关系租金，特别是信息租金和声誉租金，使得区域社会资本得到扩大（以细型虚线表示）。

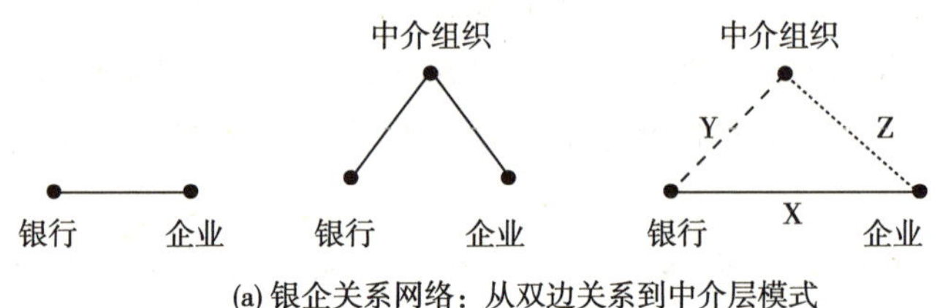

(a) 银企关系网络：从双边关系到中介层模式

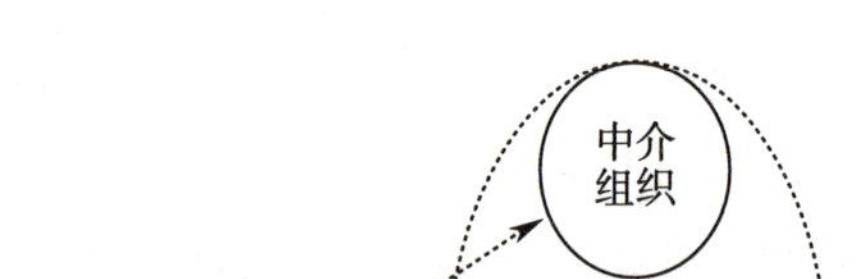

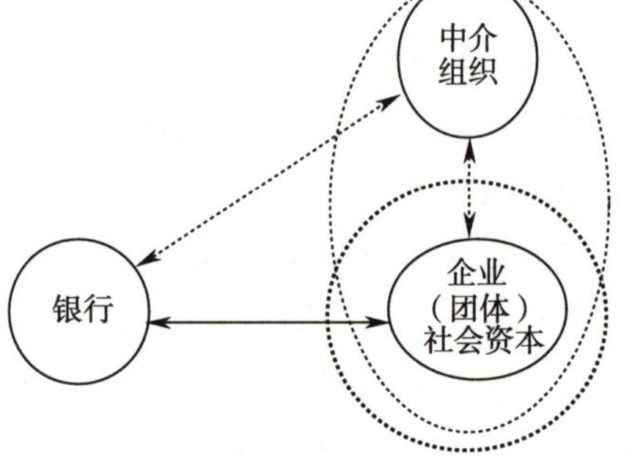

(b)中介层模式下的社会资本结构

图6－6 中介层模式下的银企关系网络与社会资本结构示意图

（三）中介组织类型与引入模式

1. 中介组织的类型

除了上文提到的信息中介与风险中介这种分类外，中介组织还可分为以下两种：

（1）显性中介组织。显性中介一般以契约合同、法律协议等外在形式引入关系之中，合约或法律对中介的权利义务有明确的规定，中介有较强的约束力，如担保机构（信用协会组织等）、保险公司等。

（2）隐性中介组织。隐性中介是以非契约、法律协议形式，以增加社会资本的方式加入关系之中。隐性中介较为普遍，如行业协会、产业合作组织（联盟）、地方性产权市场、信用评级机构、非政府组织、村委会、媒体机构、交易仲裁组织等。隐性中介一般不存在法律上的风险分担问题，是属于纯信息中介结构，但由于声誉机制的存在，银企关系结构对隐性中介也有一定约束力。

2. 中介组织的引入模式

中介组织引入银企关系之中的模式主要有以下三种：

（1）合作引入。银行与有用信息产出的第三方合作，将其引入关系型信贷关系之中。如请相关中介机构在服务社区内提供推荐意见，聘请行业协会、产业合作组织（联盟）、村委会的成员进入审贷会，或提供不具约束力的第三方独立审查报告供参考，银行可根据实际工作给予一定的激励，如要求借款企业需由第三方信用评级机构提供年度评级报告等。

（2）契约引入。以契约将第三方引入，明确其权利义务。如引入社会担保机构，引入保险公司对借款人提供保障等。

（3）互联引入。互联引入介于契约引入与合作引入之间，它是在中介组织与借款人（团体）之间建立稳定的合作关系，并以此为条件来向借款人发放贷款的一种合作模式。中介组织与借款人之间是非契约的，但它与合作引入的区别在于银行对中介组织充分授权，中介组织对银行的决策具有实质性影响。如银行+合作社+借款人模式、银行+产业合作联盟+借款人模式、银行+联保基金+借款人模式等，中介组织（合作社、产业合作联盟）具有对贷款人的推荐与选择权利，如信贷条件中要求有中介组织意见等。信贷互联模式在地方性银行的农村贷款和对集聚性强且分散、单体弱小的产业群贷款中较为有效。

（四）银行的关系利用策略

对银行来说，引入中介层是有成本的，成本主要是对中介组织的搜索成本、甄别成本与激励成本，同时还要防止中介层组织与借款人的合谋所带来的风险。为降低成本，特别是降低合谋风险，银行可以采取以下策略：

1. 订立长期契约

契约理论认为，长期契约有利于防止合约方的短期行为，提高合约双方履约合同的积极性。对于银行来说，在搜索、甄别中介组织后，应与中介组织建立长期契约关系（不一定的显性契约，但要提供长期隐性契约的预期）。可考虑采用累积长期契约模式，即通过连续性的评估来不断延长或压缩契约的时间，以达到正向激励效果。

2. 激励机制建设

激励是中介层有效的必要条件，银行在构建中介层银企关系模式时，应向中介组织提供适度的激励，包括正向激励和反向的惩罚性激励。

（1）激励方式。银行可提供的激励方式有：一是成本激励，即提供更低成本或免费的金融业务服务；二是收益激励，即直接给予一定的利益分成或费用支持；三是条件激励，即给予更为优惠的融资条件或其他金融服务条件（如理财业务等）；四是流程激励，即给予更为快捷的业务服务或更短的业务流程。

（2）激励相容机制。分析中介组织的价值目标与利益偏好，在契约（包括隐性契约）设计时尽量将中介组织利益与银行利益相吻合，实现激励相容，并做到决策协调。

（3）风险防范机制。要根据中介组织在银企关系中的重要性及其自身能力发挥水平来设定相应的权限，银行给予相应的授权。要有相应的监控手段来防范中介组织与借款人的合谋风险，并有相应的反向激励——惩罚性措施。

6.3.4 贷款中心建设：从单个信息体向综合信息体扩散

（一）传统的信贷员制度对关系扩散的制约

与大银行的交易型信贷不同，地方性银行的关系型信贷需要银行对信贷员更为充分的授权，以满足信贷员掌握更多社会资本，建立强度更大的信贷关系，实现对公开信息不足的小微企业的有效贷款。因此，关系型信贷相对交易型信贷，银行与信贷员之间存在更复杂的委托—代理关系。

在最为传统的银企双边关系中，信贷员作为银行的唯一代理方，全权与企业进行业务往来，这种模式对于银企关系的建立、维护与扩散产生制约，主要体现为：（1）信贷员自身存在信息不足，或难以实现社会资本的最大产生，因此信贷员自身的能力和水平的差异直接反映在银行的业务拓展水平差异上。（2）信贷员的不完全理性。信贷员作为个体不可能达到完全理性，一些非理性判断和行为将影响银行的业绩与声誉；（3）关系锁定问题。社会资本被信贷员所内化，形成信贷员与企业及企业团体、社区之间的关系锁定。一旦出现信贷员流失问题，一方面流失大量客户，另一方面银行难以短时间内重新建立良好的银企关系；（4）合谋问题与监督问题。在这种委托—代理关系下，很容易形成信贷员与借款人的合谋问题，而银行又会形成很高的监督成本。

在地方性银行跨区域经营，需要在进入新地区后快速构建银企关系，以及传统区域因其他银行的不断进入而关系竞争加剧的背景下，传统的信贷员制很难适应新的形势需要，需要重新构建适应关系扩散的银行内部委托—代理关系。

（二）贷款中心的关系网络与社会资本

贷款中心是具有贷款调查与初始审查（审核）功能的，由服务区域相对集中的信贷员共同组成的，内部分工清晰、制度健全且有较强的内部激励与约束作用的贷款一线组织。它与信贷员组成的互帮团队不同，贷款中心是一个制度信任团体，内部按贷款调查和初始审查（审核）的职责进行分工，权利义务划分，有内部激励与惩罚制度。

贷款中心拓展了银企关系网络结构，图6－7表示贷款中心模式下的银企关系网络与社会资本产出，从中看出：（1）形成社会资本累加效应。一方面，贷款中心中的每一个成员都有个体信息产出，且贷款中心服务区域较为集中，形成团体社会资本累加；另一方面，每一位借款人都在贷款中心的制度设计下有两位以上的信贷员提供服务（其中一人为主信贷员），形成多元信息产出（有信息产出的主次之分，分别以实线和虚线表示）。（2）社会资本为团体共同拥有，成员所掌握的信息在团体内部公开，每一位成员所单独拥有的内部信息大大降低。（3）贷款中心本身融入企业团体（或社区），成为社会资本的组成部分。（4）贷款中心成员之间的相互监督，有利于银行的对中心的授权。因此，贷款中心可以有效地降低传统信贷员模式所产生的上述四个问题，实现更多的社会资本产出和更好的委托—代理关系。

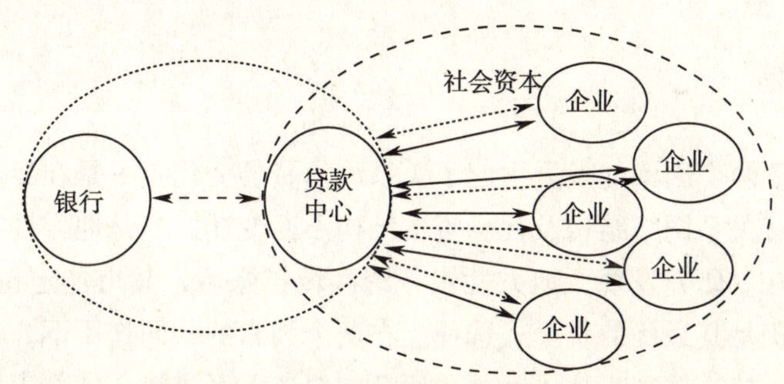

图6－7　贷款中心下银企关系网络与社会资本结构示意图（无中介层模式）

（三）银行的关系利用策略

1. 依托社区、产业集聚区、市场等构建贷款中心、分中心、小中心等团体组织。为了更好地利用社会资本，增强关系型信贷的关系强度，银行应根据区域经济特点与区域布局，依托社会、产业集聚区、专业市场等来构建贷款中心、分中心和小中心等贷款团体，

2. 贷款中心团体成员组成上应考虑金融产品与服务综合营销功能的发挥，提高关系深度。在贷款中心成员组成及其主要业务分工，或对贷款中心的职责

划分与业绩考核中，不能只考虑贷款单一因素，还应考虑综合业务服务的开展。开展综合业务服务有利于增加关系型信贷的关系深度，有效地提高关系强度。

3. 通过充分授权、良好的激励与约束机制来完善制度激励。制度信任是银行与贷款中心这一委托—代理关系中的基本信任模式，首先银行要对信贷中心进行充分的授权，包括贷款额度授权、贷款利率决策上的授权等；其次，在一定程度上推进信贷员竞争，提高信贷员业务效率；最后，良好的惩罚机制与团体成员退出机制，是保障委托—代理关系长期有效的重要组成。

4. 更为标准化的客户信用评价机制和信贷流程，是贷款中心模式有效运行的重要保障。关系型信贷本身在很大程度上以内化信息进行客户评价，以社会资本来实施监督和约束，因此，建设标准化的客户信用评价机制更具难度。银行可以更好地选择关系变量，构建相对稳定且标准式的关系型指标体系，并对关系型指标的评价提供相对标准化的依据。另外，标准化的信贷流程建设相对较为容易，但流程建设要重视发挥贷款中心的最大功能。标准化建设，既有利于贷款中心建设，也有利于银行跨区域经营后能更快、更有效地全面开展关系型信贷。

本章小结

新形势下两个因素的发展引起了关系型信贷的变化：一是在经济社会发展下，社会经济关系网络结构及社会资本结构不断变迁；二是地方性银行跨区域经营普遍存在。研究发现，地方性银行跨区域扩张后，其市场定位没有变化，关系型信贷仍是其最优信贷模式选择。在两个因素的共同作用下，银企关系结构发生变化，核心体现为从人际关系逐渐向服务关系过渡，外部表现为从关系锁定逐渐发展为关系竞争，而社会根源是社会从乡土社会逐渐向契约社会过渡。关系型信贷面临诸多挑战，如何适应社会经济关系网络结构的变迁，如何在新进入区域开展关系型信贷，以及如何适应其他银行进入后的关系竞争，都属于关系型信贷的关系扩散问题。

关系型信贷是典型的不完备市场，其治理结构有双边关系治理、多边关系治理（声誉治理）和中介治理三种。在银企关系的不断变迁中，社区持续产出的社会资本不断地被银行所挖掘和利用，外部的第三方组织也被银行引入银企关系中，为银企关系提供更多的信息生产和约束力支持。同时，银行信贷员模式的演进，不断完善银行内部的委托—代理关系。因此，关系扩散使得银企之间形成更为复杂的多重关系：银行与贷款企业的关系、贷款企业与团体内其他企业的关系、银行与企业团体的关系、银行与中介组织的关系、中介组织与企业及企业团体的关系、银行内部的委托—代理关系等。

本章进一步从三种治理模式角度对关系型信贷的关系扩散路径进行具体分析，认为：（1）构建企业团体来促使银行与个体关系向银行与团体关系的扩散，有利于银行更好地利用社区、产业集聚区和市场的社会资本，拓展关系边界，获取更多的关系租金；（2）发展中介层模式来促使银企双边关系向银企多边关系扩散，通过订立长期契约和完善激励机制更好地解决社会资本产出不足、利用不足，以及信息与约束的距离衰减问题；（3）建设贷款中心来促使单个信息体向综合信息体扩散，形成社会资本累加效应，有利于银行与企业（团体）建立更稳定的业务关系，也有利于完善银行内部的委托—代理关系。

上述三种关系扩散路径，既为银行扩大关系型信贷和应对关系竞争、加固关系结构提供工作思路，也为银行跨区域扩张下迅速构建关系型信贷体系提供策略。

7 主要结论与政策建议

7.1 主要结论

本书试图从经济学和社会学的交叉学科视角来剖析关系型信贷的“关系”，揭示“关系”的本质，度量“关系”的大小，将“关系”应用到银行贷款的信用评价、定价和风险管理中，并进一步分析在社会发展背景下的“关系”扩散路径。因此，本书的研究主要是回答关系型信贷的四个现实问题：(1)“关系”是什么？(2)“关系”怎么测算？(3)“关系”有用吗？(4)“关系”怎么扩散（移植）？

围绕这四个问题，本书分四个部分进行相应的研究。首先，在分析信任与社会资本、信贷市场结构与关系型信贷的基础上，论述关系型信贷的“关系”特征；其次，通过模型构建来测算关系强度并进行检验；再次，从信用评价、贷款定价与贷款风险管理三个方面来分析“关系”的应用价值；最后，立足社会发展与信任结构变迁、地方性银行跨区域扩张的背景，分析“关系”的扩散路径。通过本书的研究，主要形成以下结论：

1. 关系型信贷是信贷的基本模式之一，是解决信贷市场信息不对称问题和降低交易成本的有效渠道

通过关系型信贷，银行充分利用社会资本，实现内部信息产出和对借款企业的监督与约束，提高风险管理能力。在当前我国经济社会的二元结构下，发展关系型信贷可以提高中小企业、微型企业、个体经营者和农户的信贷满足度，促进企业的成长和区域经济的稳定平衡发展。因此，应大力促进关系型信贷的发展。

2. 银企关系是银行与企业在其所处的社会经济关系网络中逐渐形成的，“关系”外在体现为网络结构、内生社会资本，即“关系”是在关系网络中所形成的社会资本

我国企业所处的社会关系网络由以“熟人社区”为核心的社会关系网络和以市场为核心的经济关系网络共同形成，其社会资本以非正式框架为主体，正式框架为补充。因此，企业的社会资本产出更需要“关系”去发现和挖掘。另外，关系具有互惠性、稀缺性和扩散性的特征，银企之间建立良好的关系，可以形成信息租金、跨期优化租金和声誉租金等关系租金和合约收益，也会产生预算软约束和锁定成本问题。对于银行而言，构建合理的“关系”模式，可以降低关系成本，获得更多稳定、长期的关系收益。

3. “关系”在一定范围内是可以进行度量的

“关系”度量的指标很多，有长度指标、距离指标、规模指标和深度指标等，而将上述指标进行整合来构建综合性指标，更能反映现实中复杂的银企关系，所测算出来的关系强度更能反映现实中银企关系的紧密程度。同时，实证研究进一步证明本书的关系强度测算的有效性。

4. 在关系型信贷中，“关系”对贷款定价产生重大影响

本书认为，关系强度和企业信用等级是决定企业贷款定价的两大因素，且银行对企业信用等级的评价与银行“关系”水平密切关联。因此，企业与银行建立良好的关系，可以让企业更顺利地获得更优惠条件的贷款。

5. 银行可以主动通过模式选择与构建来促进银企关系的扩散，实现关系型信贷的可持续发展

社会经济的发展使得社会关系网络结构与经济关系网络都发生变迁，地方性银行要主动适应这一变化，通过“构建企业团体、发展中介层模式和建设贷款中心”三种模式，扩大关系型信贷规模与边界，应对关系竞争，加固关系结构，也可成为银行跨区域扩张下迅速构建关系型信贷体系的策略。

7.2 政策建议

本书强调理论研究与应用性研究相结合，主要是从微观层面来剖析银企关系，并分析银行如何利用关系开展业务和实现创新发展。因此，本书的研究成果主要服务于银行，相关的政策建议也主要针对银行而言。

1. 地方性银行要立足社区①，充分利用社会资本，与中小微经济主体构建长期稳定的银企关系

除了极个别的城市商业银行因特殊的区域条件等因素，可能发展成为立足大都市的现代化大银行外，我国的绝大多数城市商业银行、农村各类金融机构（组织）等地方性银行，其发展的定位是社区银行。即使在条件允许下适度开展跨区域经营，其跨区位网点也要坚持原有的市场定位，坚持开展关系型信贷业务。地方性银行要立足于传统的以居住为条件的社区和产业集聚区、专业市场，充分利用社区的功能，理顺社区内部的经济关系网络与社会关系网络，理顺当地的产业链结构与专业市场结构，不断地从中发现客户和产出社会资本，不断地创新针对社区服务的金融业务，提升对社区的金融服务能力。

2. 银行应充分利用“关系”的作用，积极支持企业及其所在的团体、区域或社区的社会资本产出

一方面，“关系”是有价值的，能为银行开展企业信用评价、贷款定价和贷款风险管理等提供支持；另一方面，“关系”的价值是具有高弹性的，不同的社会关系网络结构和经济关系网络结构，其社会资本产出的差异非常大。因此，对银行而言，要充分利用“关系”的价值，既可以通过企业团体的组织、中介层结构的引入等，完善企业的社会关系与经济关系网络结构，增加社会资本；同时，还可以通过激励机制建设，以贷款条件、贷款额度与贷款成本等正向激励收益或惩罚成本，促进社区及企业团体中各成员之间的内部信息产出能力、监督与约束、合作与援助等。

3. 银行应创新关系型信贷技术，提高关系型信贷的科学性

关系型信贷同时也是一种技术性很强的信贷模式，关系型信贷的企业信用评价、贷款定价和贷款风险管理等相比交易型信贷而言更具有复杂性。对银行而言，首先要度量“关系强度”，因为在关系型信贷中，“关系”对贷款决策与管理具有重要影响。建议首先采用综合指标来度量“关系强度”，尽可能更全面地反映关系大小的实际情况；其次是要充分考虑“关系”在企业信用评价中的作用，将反映“关系”的变量和非关系的财务变量共同作为企业信用评价的依据；再次是充分考虑“关系”因素来开展贷款定价，建设将“关系强度”指标与“企业信用评价”指标综合在一起的企业贷款定价模式；最后是充分利用“关系”进行贷款风险管理，建立贷款的关系激励机制与关系约

① 广义的社区概念，是指在一个地理区域内，具有相同特征的人群或组织的聚集，具体见第6章对现代社区的解释。

束机制，来实现对关系的良好利用。

目前我国许多地方性银行的关系型信贷还处于粗放发展阶段，对“关系”的利用往往还停留在主观评判上，还没有充分将“关系”因素制度化地引入到银行业务经营管理中。因此，加强对本地银企关系和社会资本的调研，完善相应的贷款经营与管理制度，提高关系型信贷的科学性，是当前我国地方性银行发展的一大重要工作。

4. 我国地方性银行要适应形势发展，主动探索关系扩散路径

当前我国社会信任结构正在发生变化，社会关系网络与经济关系网络的变迁在不断地加速。另外，地方性银行的跨区域经营已越来越成为普遍现象。因此，如何适应社会经济形势的变化，适应新区域并快速构建起关系型信贷的关系网络与信贷经营管理体系，都需要银行主动探索并掌握银企关系扩散的路径。具体而言，银行应突破传统的银企双边关系，主动利用社区、产业链、产业集聚区和专业市场等，通过构建企业团体来拓展关系边界，通过发展中介层模式来提高社会资本产出，通过建设贷款中心来更有效利用社会资本等。这样，银行既可以在传统区域应对关系竞争、加固关系结构，实现业务的纵深拓展，也可以实现在新区域迅速构建关系网络，顺利开展关系型信贷业务。

5. 大力促进地方性银行的发展，为地方经济社会发展提供良好支撑

信贷市场结构理论分析告诉我们，大银行或全国性银行有交易型信贷优势，而小银行或地方性银行有关系型信贷优势；同时，对关系型信贷的内涵与功能的分析可以得知，关系型信贷有利于更好地掌握社会关系网络与经济关系网络，能充分利用社会资本，实现对中小企业、微型企业、个体经营者和农户的内部信息产出，实现对这些中小微经济主体的行为约束与贷款风险控制，以克服针对小微经济主体的信贷市场的信息不对称难题。因此，从我国的经济社会结构的具体情况和社会发展的要求来看，国家政策层面应保持和促进关系型信贷市场的发展，即要大力发展地方性金融机构特别是地方性银行，支持城市银行的适度跨区域发展，支持农村合作金融机构的业务拓展与制度改革，支持发展村镇银行、贷款公司、农村资金互助社等新型农村金融机构（组织），提高对中小微经济主体的金融服务覆盖面，提高中小微经济主体的贷款满足率，为地方经济社会的发展提供良好的金融支撑。

参考文献

[1] Allen N. Berger. , Anthony Saunders. , Joseph M. Scalise. , Gregory F. Udell. The Effects of Mergers and Acquisitions on Small Business Lending [J], *Journal of Financial Economics* 50. 1998.

[2] Allen N. Berger. , Gregory F. Udell. Small Business Credit Availability and Relationship Lending: the Importance of Bank Organizational Structure [J], *The Economic Journal*112. 2002. vol. 112: pp. 32 –53.

[3] Allen, F.. The Market of Information and the Origin of Financial Intermediation [J]. *Journal of Financia Intermediation*1. 1990. vol. 1: pp. 3 –30.

[4] Banerjee, A., A. Newman. Occupational Choice and the Process of Development [J]. *Journal of Political Economy*101. 1993. vol. 101: pp. 274 –298.

[5] Barbara B., Flynn., Baofeng Huo., Xiande Zhao. The Impact of Supply Chain Integration on Performance: A Contingency and Configuration Approach [J], *Journal of Operations Management*28. 2010. vol. 28: pp. 58 –71.

[6] Berger, Allen N., Demsetz, Rebecca S., Strahan, Philip E.. The Consolidation of the Financial Services Industry: Causes, Consequences, and Implications for the Future [J], *Journal of Banking and Finance* 23. 1999. vol. 23: pp. 135 –194.

[7] Berger, Allen N., Klapper, Leora F., Udell, Gregory F.. The Ability of Banks to Lend to Informationally Opaque Small Businesses [J], *Journal of Banking and Finance*. 2001. vol. 25: pp. 2127 –2167.

[8] Berger, A. N., Kashyap, A, K., Sealise, J. M.. The Transformation of the U. S. Banking Industry: What a Long, Strange Trip It's Been [J], *Brookings Papers on Economic Aetivity*2. 1995. vol. 2: pp. 55 –218.

[9] Berger, A. N., Rosen, R. J., Udell, G. F.. The Effect of Market Size Structure on Competition: the Case of Small Business lending [J], *Working Paper WP* –01 –10, Federal Reserve Bank of Chicago. 2001.

[10] Berger, Allen N., DeYoung, Robert. The Effects of Geographic Expansion on Bank Efficiency [J], *Journal of Financial Services Research*. 2001. pp. 2 –42

[11] Berger, Allen N., Rebecca S. Demsetz., Philip E. Strahan. The Consolidation of the Financial Services Industry: Causes, Consequences, and Implications for the Future [J], *Journal of Banking and Finance* 23 (February). 1999. pp. 135 –194.

[12] Berger, Allen N.. The Efficiency Effects of Bank Mergers and Acquisitions: A Preliminary Look at the 1990s Data [J], *Bank Mergers and Acquisitions*. 1998. pp. 79 - 112.

[13] Berger, Allen. N., Demsetz, R. S., Strahan, P. E.. The Consolidation of the Financial Services Industry: Causes, Consequences, and Implications for the Future [J], *Journal of Banking and Finance* 23. 1999. vol. 23: pp. 135 - 194.

[14] Berger, Allen. N., Saunders, A., Scalise, J, M., Udell, G. F.. The Effects of Mergers and Acquisitions on Small Business Lending [J], *Journal of Financial Economics* 50. 1998.

[15] Berger, Allen. N., Udell, Gregory. F.. Relationship Lending and Lines of Credit in Small Firm Finance [J], *Journal of Business*68. 1995. vol. 68: pp. 351 - 382.

[16] Berger, Allen. N., Udell, Gregory. F.. Small Business Credit Availability and Relationship Lending: the Importance of Bank Organizational Structure [J], *The Economic Journal* 112. 2002. vol. 112: pp. 32 - 53.

[17] Berger, Allen. N., Udell, Gregory. F.. The Economics of Small Business Finance: The Roles of Private Equity and Debt Markets in the Financial Growth Cycle [J], *Journal of Banking and Finance*22. 1998. vol. 22: pp. 613 - 673.

[18] Berlin, Mitehell, Loretta Mester. Lender Liability and Large Investors [J], *Journal of Financial Intermediation*10. 2001. vol. 10: pp. 108 - 137.

[19] Bert Scholtens., Dick van Wensveen. A Critique on the Theory of Financial Intermediation [J], *Journal of Banking and Finance*, Elsevier. 2000. vol. 24 (8): pp. 1243 - 1251.

[20] Bhattaeharaya. S., Thakor, A. V.. Contemporary Banking Theory [J], *Journal of Financial Intermediation*3. 1993. vol. 3: pp. 2 - 50.

[21] Boot, A. W. A., Relationship Banking: What Do We Know [J]. *Journal of Financial Intermediation*9. 2000. vol. 9: pp. 75 - 76.

[22] Boot, A. W. A., Thakor, A. V.. Moral Hazard and Secured Lending in Infinite Lyre Petered Edit Market Game [J], *International Economic Review*35. 1994. vol. 35: pp. 899 - 920.

[23] Cole, Rebel A.. The Importance of Relationship to the Availability of Credit [J], *Journal of Banking and Finance*22. 1998. vol. 22: pp. 959 - 977.

[24] Consolidation of the Financial Services Industry: Causes, Consequences, and Implications for the Future [J], *Journal of Banking and Finance* 23 (February). 1999. Vol. 23: pp. 135 - 194.

[25] D. R. Hodgman. Credit Risk and Credit Rationing. Quarterly [J]. *Journal of Economics*, 1960, vol79: pp. 258 - 278.

[26] Diamond, D., Financial Intermediation and Delegated Monitoring [J]. *Review of Economic Studies*51. 1984. vol. 51: pp. 393 - 414.

[27] Elena - Carletti.. The Structure of Bank Relationships, Endogenous Monitoring and Loan

Rates [J], *Journal of Financial Intermediation* 2004. vol. 13: pp. 58 – 86.

[28] Hanifan, L. J., The Community Center [M], Boston: Silver, Burdette, and Co. 1916.

[29] Harrison C. White, Where do Markets Come from American [J], *Journal of Sociology* (1981) vol87: pp517 – 547.

[30] James, C.. Some Evidence on the Uniqueness of Bank Loans [J], *Journal of Financial Economics.* 1987. vol. 19: pp. 217 – 235.

[31] Lummer, S., McConnell, J.. Further Evidence on the Bank Lending Process and the Capital Market Response to Bank Loan Agreements [J], *Journal of Financial Eco – nomics.* 1989. vol. 25: pp. 99 – 122.

[32] Maeneil, J. R.. The Many Futures of Contract [D]. Southern California Law Review47. 1974. vol. 47: pp. 691 – 816.

[33] Max Boisot., John Child. From Fielfs to Clan and Network Capitalism: Explaining China's Emerging Economic Order [D], Administrative Science Quarterly, 1996.

[34] Nassimbeni, G., Network Structures, Co – ordination Mechanisms: A Taxonomy [J], *Journal of Operation and Production Management.* 1998. vol. 18 (6): pp. 538 – 544.

[35] Ongena, S., Smith, D. C.. The Duration of Bank Relationships [J]. *Journal of Financial Economies* 61. 2001. vol. 61: pp. 449 – 475.

[36] Petersen, M. A., Rajan, R. G.. The Benefits of Lending Relationships: Evidence from Small Business Data [J]. *Journal of Finnaee* 49. 1994. vol. 49: pp. 3 – 37.

[37] Polanyi, K. C., Arensberg, H., Pearson (eds) (1957). Trade and Market in the Early Empires: Economies in History and Theory [M], Reprinted in Chicago: Henry Regnery Company., 1971.

[38] Sharpe, S. A., Asymmetric Information, Bank Lending and Implicit Contracts: a Stylized Model of Customer Relationships [J], *Journal of Finance* 45. 1990. vol. 45: pp. 1069 – 1087.

[39] Slovin, M. B., Johnson, S. A.. Glascock, J. L., Firm Size and the Information Content of Bank Loan Announcements [J], *Journal of Banking and Finance.* 1992. vol. 16: pp. 35 – 49.

[40] W. Keeton. Equilibrium CreditRationing [M]. New York: Gar land Press, 1999.

[41] [美] 戴维·波普诺:《社会学》，北京，中国人民大学出版社，1999。

[42] [美] 弗朗西斯·福山:《大分裂：人类本性与社会秩序的重建》，北京，中国社会科学出版社，2002。

[43] [美] 简·雅交易各布斯:《生存的系统》，北京，商务印书馆，1992。

[44] [美] 迈克尔·波特:《国家竞争优势》，李明轩、邱如美译，北京，华夏出版社，2002。

[45] 约翰·G. 格列、爱德华.S. 肖：《金融理论中的货币》，南京，河海大学出版社，2001 (10)。

[46] 巴曙松：《活跃的美国社区金融》，载《银行家》，2002（9）。
[47] 白春阳：《现代社会信任问题研究》，北京，中国社会出版社，2009。
[48] 布迪厄：《文化资本与社会炼金术》，上海，上海人民出版社，1997。
[49] 兹维·博迪、罗伯特·C. 莫顿：《金融学》，北京，中国人民大学出版社，2000。
[50] 蔡明潭、叢礼滋：《信贷工作的两种做法和两种效果》，载《中国金融》，1954（7）。
[51] 陈建国：《经济组织变迁中的社会资本理论与实践研究》，中南大学博士学位论文，2007。
[52] 陈雯、何雨：《秩序·变迁·和谐——社会学透视下的改革开放及中国社会结构变迁与转型》，载《改革与开放》，2008（7）。
[53] 陈雯：《理解中国社会一书评介》，载《国外社会科学》，2010（1）。
[54] 崔向阳：《关系融资研究与探索》，北京，中国财政经济出版社，2007。
[55] 戴兰：《基于关系型借贷的定价模式设计》，载《武汉金融》，2010（1）。
[56] 范香梅、邱兆祥、张晓云：《我国商业银行跨区域发展的经济效应研究》，载《财贸经济》，2011（1）。
[57] 费孝通：《乡土中国、生育制度》，北京，北京大学出版社，2002。
[58] 弗兰·汤克斯：《信任、社会资本与经济》，载《马克思主义与现实》（双月刊），李熠煜编译，2002（5）。
[59] 福朗西斯·福山：《信任——社会道德与繁荣的创造》，呼和浩特，远方出版社，1998。
[60] 付留鹏：《中国信贷市场金融加速器效应研究》，华南理工大学博士学位论文，2012（10）。
[61] 高学明：《内部资本市场关系型融资研究》，长沙理工大学硕士学位论文，2009（4）。
[62] 顾慈阳：《社会资本理论及其应用研究》，天津大学硕士学位论文，2004。
[63] 何似龙：《转型时代管理学导论》，南京，河海大学出版社，2001。
[64] 何兆武、柳卸林：《中国印象——世界名人论中国文化（下册）》，桂林，广西师范大学出版社，2001。
[65] 贺海虹：《商业银行在小企业外源融资中的功能定位》，载《宁夏党校学报》，2000（2）。
[66] 黄达：《金融学》，北京，中国人民大学出版社，2003。
[67] 黄锐：《社会资本理论综述》，载《首都经济贸易学报》，2007（6）。
[68] 康卫华：《大变革下的当代美国社区银行》，载《国际金融研究》，2005（6）。
[69] 科尔曼：《社会理论的基础》，北京，社会科学文献出版社，1990。
[70] 李江涛：《不完全合同下的关系型融资——“封闭贷款”的经济学分析》，载《上海经济》，2000（4）。
[71] 李琳：《信任、交易成本与企业绩效——来自中国上市公司的经验证据》，上海，上海财经大学出版社，2010。

[72] 李伟民、梁玉成：《特殊信任与普遍信任：中国人信任的结构与特征》，载《社会学研究》，2002（3）。

[73] 李晓义、李建标：《不完备市场的多层次治理——基于比较制度实验的研究》，载《经济学》（季刊），2009（3）。

[74] 林琳：《金融中介发展、利率市场化与县域资本配置效率》，载《上海金融》，2011（7）。

[75] 刘光溪：《共赢性博弈论》，复旦大学博士学位论文，2006（9）。

[76] 马俊峰：《当代中国社会信任问题研究》，北京，北京师范大学出版社，2012。

[77] 马克思·韦伯：《韦伯作品集·中国的宗教（第五卷）》，简惠美译，桂林，广西师范大学出版社，2004。

[78] 帕特南：《使民主运转起来》，南昌，江西人民出版社，2001。

[79] 彭玉生、折晓叶、陈婴婴：《中国乡村的宗族网络、工业化与制度选择》，载《中国乡村研究》，北京，商务印书馆，2003。

[80] 乔纳森·H. 特纳：《社会资本的形成》，北京，中国人民大学出版社，2005。

[81] 青木昌彦、瑟达尔·丁克、王信：《关系型融资制度及其在竞争中的可行性》，载《经济社会体制比较》，1997（6）。

[82] 青木昌彦：《比较制度分析》，上海，上海远东出版社，2001。

[83] 施祖留、何似龙：《先秦儒家的古代管理思想综论》，载《江海学刊》，2000（5）。

[84] 童牧：《关系型融资研究》，复旦大学博士学位论文，2004。

[85] 王善英：《韦伯论人与社会的关系》，载《江海学刊》，2007（1）。

[86] 王小明：《社会资本的经济分析》，复旦大学博士学位论文，2008。

[87] 吴晶妹：《现代信用学》，北京，中国金融出版社，2002。

[88] 吴小瑾：《基于社会资本视角的中小企业集群融资机制研究》，中南大学硕士学位论文，2008（9）。

[89] 亚历山德罗·波茨：《社会资本：在现代社会学中的缘起和应用》，杨雪冬译，摘自《社会资本与社会发展》，北京，社会科学文献出版社，2000。

[90] 杨蔚东：《社区银行研究文集》，北京，经济科学出版社，2006。

[91] 伊斯梅尔·撒拉戈尔丁、帕萨·达斯古普特：《社会资本——一个多角度的观点》，张慧东等译，北京，中国人民大学出版社，2005。

[92] 袁宝林：《信贷工作必须按社会主义基本经济规律办事》，载《金融研究动态》，1979（10）。

[93] 翟学伟：《中国人的关系原理：失控秩序、生活欲念及其流变》，北京，北京大学出版社，2011。

[94] 张克中：《社会资本：中国经济转型与发展的新视角》，载《江西财经大学学报》，2005（3）。

[95] 赵本初：《商业信贷刍议》，载《中国经济问题》，1979（5）。

附表 1

样本数据一览表

编号	类型	行业	是否基本户	合作时间（年）	本行贷款次数	融资银行家数	关系集中度	积数比	行业前景	业主素质	社会关系	产业约束	产品与市场拓展	抵押担保情况	资产总额（万元）	资产负债率（%）	资产贷款比	流动比率	速动比率	应收账款周转率	存货周转率	毛利率（%）	净利率（%）	申请贷款金额（万元）	他行已贷金额（万元）	获批贷款金额（万元）	贷款满足率（%）	贷款利率（‰）
1	个人	钢贸	1	6	11	3	0.13	0.5	B	A	B	B	B	A	1 881	21	31.35	3.46	0.99	10.81	15.43	5.74	12.98	60	395	60	100	7.41
2	个人	租赁	0	3	3	3	0.16	0.3	C	B	B	C	B	B	2 117	34	26.46	3.9	0.31	6.32	13.64	30.37	10.37	80	417	75	93.75	8.55
3	个人	租赁	1	4	7	4	0.17	0.3	B	A	A	B	A	A	1 987	20	24.84	1.51	1.05	13.36	15.72	23.65	33.65	80	392	80	100	7.41
4	个人	租赁	0	4	4	4	0.22	0.4	B	A	B	B	B	B	1 926	14	24.08	4.34	0.54	15.26	12.00	36.75	16.75	80	278	80	100	7.8
5	个人	餐饮	1	3	8	3	0.26	0.3	A	A	B	B	A	A	1 693	22.74	19.92	2.01	1.01	14.49	15.19	21.18	13.82	85	240	83	97.65	7.41
6	个人	药店	1	3	6	3	0.34	0.3	B	A	B	B	A	B	288	19.8	9.60	1.83	1.43	13.33	7.58	15.85	26.15	30	57	30	100	7.17
7	个人	服装	1	2	5	1	0.62	<0.1	C	C	B	C	B	B	147	39.29	14.70	1.13	0.55	4.55	13.54	13.47	8.97	10	3.02	5	50	9.03
8	个人	服装	0	1	0	0	1	<0.1	B	C	B	B	B	B	193	30.36	6.43	1.65	0.4	15.71	4.23	12	8.91	30	0	5	16.67	9.6
9	个人	服装	0	1	0	2	0.16	0.3	C	B	C	B	B	B	197	53.3	5.63	2.47	0.6	5.71	15.19	12.47	10.72	35	105	20	57.14	9.6
10	个人	配件	1	4	6	1	0.18	0.5	A	A	A	B	A	B	225	29.7	15.00	2.25	1.1	40.00	18.16	28.42	15.42	15	67.1	15	100	7.89
11	个人	印刷	1	1	1	1	0.2	<0.1	C	C	C	C	B	B	72	26.06	7.20	1.22	0.32	2.77	30.00	17.5	8.33	10	38.82	7	70	9.6
12	个人	钢材	1	5	12	3	0.1	0.3	B	A	B	B	B	A	748	36.8	24.93	2.79	1.24	15.11	7.19	10.59	15.35	30	275.3	30	100	7.8
13	个人	服装	0	2	1	0	1	0.3	B	A	B	B	B	B	231	25.97	7.70	3.58	0.58	8.44	9.38	14.91	11.18	30	0	10	33.33	9.03
14	个人	木材	0	2	0	0	1	<0.1	C	C	C	C	B	B	131	28.1	2.62	12.55	0.34	12.00	4.69	10	5	50	0	20	40	9.75
15	个人	配件	1	1	1	0	0.77	<0.1	C	C	B	C	B	B	59	19.5	7.38	1.87	0.89	4.58	5.66	15.03	15.52	8	1.5	5	62.5	9.6
16	个人	塑料	1	5	8	2	0.66	<0.1	A	A	A	A	A	A	1 570	17.04	17.44	3.11	2.64	3.85	29.27	40	17.5	90	45.5	90	100	7.17
17	个人	服装	1	1	0	0	1	<0.1	C	B	B	B	B	B	60	8.5	12.00	3	0.45	17.91	7.74	11.3	12.6	5	0	1	20	9.75
18	个人	箱包	0	1	1	2	0.27	<0.1	B	C	B	C	B	B	318	47.11	15.90	0.55	0.27	7.50	13.19	9.98	16.74	20	53.8	10	50	9.6
19	个人	面料	0	2	2	2	0.28	<0.1	B	B	B	C	B	B	332	27.42	11.07	4.2	0.89	8.45	7.50	10.71	5.29	30	76.6	24	80	9.75
20	个人	家电	0	3	2	1	0.16	<0.1	C	C	B	B	B	B	210	37	14.00	1.32	0.49	12.00	3.00	6	14.4	15	77.8	9	60	9.75
21	个人	花卉	1	5	9	2	0.19	<0.1	B	B	A	B	B	B	134	32.57	4.47	2.22	1.78	14.12	38.71	30	17.6	30	43.9	30	100	7.8
22	个人	机电	1	3	2	2	0.06	<0.1	C	B	B	C	B	B	483	52.08	32.20	0.81	0.38	6.00	2.93	20	8	15	232	15	100	9.6
23	个人	服装	0	3	1	2	0.3	<0.1	C	C	B	B	B	B	212	25.56	7.07	2.76	0.89	15.58	9.02	10	7.04	30	34.3	20	66.67	9.6
24	个人	木材	0	1	0	2	0.21	<0.1	C	C	B	C	B	C	94	28.34	9.40	2.92	0.71	7.41	6.00	25	6.25	10	38	6	60	9.6
25	个人	服装	0	2	0	0	1	<0.1	C	C	C	C	B	B	57.2	31.47	5.72	4.67	0.82	30.00	20.77	5.26	24.96	10	0	4	40	9.6
26	个人	酒店	0	4	1	0	0.64	<0.1	B	B	A	C	B	A	260	4.72	8.67	1.45	1.32	5.26	1.44	5.29	13.71	30	17	20	66.67	9.6
27	个人	服装	0	1	0	1	0.27	<0.1	C	B	B	C	B	B	637	34.69	21.23	4.21	0.77	17.39	5.61	15	6.86	30	81	20	66.67	9.75
28	个人	餐具	0	3	2	2	0.23	<0.1	C	C	B	C	B	C	225	16.32	4.50	2.12	0.64	31.38	2.68	17.65	8.82	50	102	30	60	9.75

续表

编号	类型	行业	是否基本户	合作时间（年）	本行贷款次数	融资银行家数	关系集中度	积数比	行业前景	业主素质	社会关系	产业约束	产品与市场拓展	抵押担保情况	资产总额（万元）	资产负债率（%）	资产贷款比	流动比率	速动比率	应收账款周转率	存货周转率	毛利率（%）	净利率（%）	申请贷款金额（万元）	他行已贷金额（万元）	获批贷款金额（万元）	贷款满足率（%）	贷款利率（‰）
29	个人	钟表	0	2	1	5	0. 13	<0. 1	C	B	B	C	B	B	495	32. 36	9. 90	2. 12	1. 42	7. 23	2. 50	15	5. 83	50	322	35	70	9. 75
30	个人	钢材	1	7	13	5	0. 06	0. 7	B	A	B	B	A	A	1 041	48. 48	69. 40	6. 33	1. 25	11. 47	16. 22	13. 36	18. 57	15	238. 9	15	100	7. 53
31	个人	灯	1	7	14	0	1	<0. 1	A	A	B	B	B	B	703. 8	56. 83	23. 46	1. 54	1. 14	6. 40	5. 48	18. 89	5. 44	30	0	30	100	7. 65
32	个人	石材	0	1	0	4	0. 21	<0. 1	C	C	B	C	B	B	125. 4	30. 71	8. 36	2. 94	0. 23	6. 63	3. 53	6. 21	12. 09	15	38. 5	10	66. 67	9. 6
33	个人	服装	0	3	2	3	0. 2	<0. 1	C	B	C	C	B	B	450. 3	39. 71	9. 01	0. 78	0. 59	8. 00	9. 16	10	8. 9	50	158. 2	40	80	9. 6
34	个人	花木	0	4	3	2	0. 1	<0. 1	B	B	B	C	B	B	1 170	40. 19	11. 70	1. 1	0. 67	30. 00	2. 93	20	16. 8	100	455	80	80	9. 75
35	个人	卤味	1	6	7	2	0. 44	<0. 1	B	A	A	A	B	A	796	21. 79	15. 92	3. 66	2. 54	120	92. 31	51. 11	36. 61	50	64. 5	48	96	7. 17
36	个人	豆制	0	2	1	0	1	<0. 1	C	C	B	C	B	B	153. 7	7. 8	7. 69	2. 2	0. 65	30. 77	10. 26	4. 35	11. 39	20	0	8	40	9. 75
37	个人	文体	1	3	2	4	0. 25	<0. 1	C	B	B	B	A	B	153. 4	35. 37	10. 23	2. 62	0. 87	16. 90	5. 38	12	11. 5	15	43. 9	15	100	9. 03
38	个人	电机	0	1	1	2	0. 24	0. 3	C	B	B	B	B	B	132. 4	39. 46	13. 24	2. 54	1. 32	10. 26	3. 36	14. 89	9. 58	10	31	5	50	9. 03
39	个人	餐饮	1	2	0	0	1	<0. 1	C	B	B	C	B	C	84. 9	38. 45	8. 49	2. 69	0. 3	17. 91	34. 29	34. 24	35. 56	10	0	3	30	9. 75
40	个人	硅胶	0	5	4	1	0. 36	0. 3	B	A	B	B	A	A	1 167	20. 58	11. 67	1. 41	1. 32	5. 33	7. 91	10. 51	6. 73	100	176. 4	95	95	8. 55
41	个人	墙幕	0	2	2	4	0. 17	<0. 1	B	B	B	C	C	A	1 349	33. 96	16. 86	1. 78	0. 83	4. 80	6. 42	11. 11	8. 36	80	398	56	70	9. 6
42	个人	锁具	0	1	0	3	0. 19	0. 3	C	C	B	B	C	C	651. 7	31. 75	8. 15	2. 2	0. 9	9. 60	7. 50	10	8. 13	80	346. 6	40	50	9. 75
43	个人	服装	1	3	3	2	0. 33	<0. 1	B	A	A	A	A	B	456. 2	6. 3	5. 70	6. 5	1. 1	22. 64	8. 89	14. 62	22. 31	80	120	60	75	7. 65
44	个人	服装	0	3	1	1	0. 25	<0. 1	C	B	B	B	C	C	143	54. 59	14. 30	1. 64	0. 43	20. 00	1. 40	32	14	10	29. 6	5	50	9. 75
45	个人	服装	1	3	7	2	0. 18	<0. 1	B	C	C	B	A	B	384. 4	39. 23	13. 26	1. 44	1. 1	14. 40	14. 15	17. 07	11. 27	29	130. 8	29	100	8. 28
46	个人	冷冻	1	4	9	7	0. 19	<0. 1	A	A	B	A	B	B	376. 2	17. 49	18. 81	4. 48	1. 34	21. 05	9. 84	46	25. 66	20	65. 8	20	100	7. 53
47	个人	服装	0	3	3	0	1	<0. 1	C	B	C	B	B	B	78	6. 72	7. 80	5. 1	0. 98	5. 33	10. 26	15	12. 25	10	0	2	20	9. 03
48	个人	鞋业	0	4	3	3	0. 13	0. 4	B	B	B	C	B	A	320. 7	49. 14	16. 04	3. 31	0. 62	15. 00	5. 83	9. 99	6. 79	20	137. 6	20	100	8. 28
49	个人	辅料	1	5	12	1	0. 52	<0. 1	A	A	B	B	B	A	1 012	12. 4	20. 23	3. 47	1. 54	20. 00	21. 90	26. 99	24. 83	50	45. 4	50	100	7. 17
50	个人	批发	1	5	8	2	0. 12	0. 7	B	A	B	B	B	B	164. 4	15. 01	16. 44	4. 77	2. 68	12. 00	14. 00	25	14. 56	10	74	10	100	7. 53
51	个人	服装	0	3	1	3	0. 08	<0. 1	B	B	B	B	B	B	853. 9	37. 72	10. 67	0. 69	0. 44	3. 74	3. 00	12. 57	12. 85	80	549. 2	50	62. 5	9. 75
52	个人	石材	0	2	1	0	1	<0. 1	C	B	C	C	B	C	46. 7	10. 7	4. 67	2. 32	1. 19	10. 91	4. 00	20	5. 4	10	0	3	30	9. 75
53	个人	服装	1	4	4	0	1	0. 4	C	B	B	B	B	B	162. 3	42. 87	10. 82	1. 69	0. 69	30. 59	12. 63	11. 35	10. 47	15	0	14	93. 33	8. 28
54	个人	童装	0	1	0	1	0. 93	<0. 1	C	B	B	C	B	C	43	26. 51	8. 60	2. 65	0. 45	8. 45	7. 50	6. 5	8. 01	5	0. 4	1	20	9. 75
55	个人	石材	1	3	3	2	0. 18	0. 3	B	B	B	B	A	A	757	23. 85	10. 81	3. 2	0. 78	21. 05	4. 58	13. 05	7. 33	70	223. 8	68	97. 14	8. 55
56	个人	酒店	0	2	1	2	0. 34	<0. 1	C	C	B	B	B	B	206. 2	42. 1	6. 87	1. 25	0. 93	6. 94	3. 75	10	12. 67	30	57	15	50	9. 75

续表

编号	类型	行业	是否基本户	合作时间（年）	本行贷款次数	融资银行家数	关系集中度	积数比	行业前景	业主素质	社会关系	产业约束	产品与市场拓展	抵押担保情况	资产总额（万元）	资产负债率（%）	资产贷款比	流动比率	速动比率	应收账款周转率	存货周转率	毛利率（%）	净利率（%）	申请贷款金额（万元）	他行已贷金额（万元）	获批贷款金额（万元）	贷款满足率（%）	贷款利率（‰）
57	个人	快餐	1	5	2	0	1	1	C	A	A	B	A	A	818	5	32.72	3.88	2.05	42.86	40.00	30	25.25	25	0	20	80	6.33
58	个人	服装	0	5	6	6	0.25	0.5	B	A	A	B	B	B	1 172	24.31	11.72	1.91	1.27	48.00	27.91	15	18.47	100	205	100	100	7.41
59	个人	服装	1	2	2	1	0.13	<0.1	C	B	B	B	B	B	674	31.38	13.48	2.13	1.28	11.88	12.12	14.99	9.54	50	257	40	80	9.75
60	个人	批发	1	4	6	1	0.53	0.7	A	A	B	B	A	B	134.9	32.99	2.70	1.98	1.1	30.00	4.80	12	12.8	50	44.5	50	100	7.53
61	个人	墙体	1	5	9	2	0.34	1	A	A	B	A	A	A	1 092	7.98	21.84	4.43	2.24	1.32	25.00	34	28	50	79	50	100	6.72
62	个人	淘宝	0	1	0	2	0.29	<0.1	C	C	C	C	B	B	212.6	45.04	4.25	0.82	0.49	40.00	30.00	4	12.13	50	74.5	30	60	11.6
63	个人	宾馆	1	7	8		0.19	0.4	B	B	A	C	B	B	512	39	25.60	1.46	0.79	7.50	30.00	56	14	20	84.5	20	100	8.28
64	个人	单车	0	1	0	3	0.11	<0.1	B	B	B	B	B	C	1 329	42.98	44.31	1.23	0.46	5.85	4.12	12	5.95	30	231.3	15	50	9.6
65	个人	酒店	0	1	1	3	0.18	<0.1	B	B	B	C	B	A	779.1	32.05	7.79	2.22	0.89	2.57	24.00	26	12	100	224.7	80	80	9.75
66	个人	服装	1	4	6	1	0.29	0.5	A	A	B	B	A	A	441	27.37	8.82	3.93	0.73	14.63	11.76	26.16	15.15	50	120.7	50	100	7.41
67	个人	服装	1	3	4	0	0.84	2	A	A	B	A	B	A	162.8	4	32.56	4.81	0.67	18.82	19.16	16.71	22.44	5	0.98	4	80	6.57
68	个人	网吧	0	3	2	0	1	0.4	B	A	A	B	A	B	830.3	5	15.10	2.75	2.6	120	60.00	43.33	35.67	55	0	25	45.45	6.57
69	个人	酒店	0	1	1	2	0.41	0.4	B	A	A	B	A	B	573.1	12.44	11.46	1.84	1.24	8.00	40.00	23	10.72	50	71.3	30	60	7.8
70	个人	服装	1	3	7	3	0.43	0.7	B	A	B	C	B	A	261.1	10.57	17.41	4.71	0.33	75.00	12.00	20	5.28	15	20.1	15	100	7.53
71	个人	管材	0	2	1	0	0.95	<0.1	C	B	B	B	B	C	155.2	40.43	5.17	4.09	0.27	20.00	2.17	16	7.8	30	1.01	9	30	9.75
72	个人	眼镜	0	3	3	0	1	0.7	B	A	B	A	B	B	177.5	5.63	8.88	2.07	1.57	42.86	7.06	8.98	17.52	20	0	15	75	7.53
73	个人	化工	1	4	7	1	0.26	0.5	A	A	B	B	A	A	794	25.06	7.94	3.78	0.96	12.00	7.84	18.75	14.31	100	199	98	98	7.41
74	个人	刀具	1	4	5	1	0.29	0.5	A	A	B	B	A	A	147.9	8.18	29.58	7.85	2.6	16.32	6.12	15	14.29	5	12.1	5	100	7.89
75	个人	石材	0	1	1	1	0.4	<0.1	C	B	B	B	B	B	144.3	36.24	14.43	4.84	0.45	3.05	4.46	8	9.53	10	9	6	60	9.75
76	个人	PE 管	0	4	3	3	0.1	<0.1	C	B	C	B	B	B	465	42.58	15.50	1.79	0.86	3.88	2.86	9	10.9	30	188	28	93.33	9.6
77	个人	轮胎	0	5	3	3	0.22	0.3	B	B	B	A	A	B	437	32.04	10.93	2.17	1.22	10.00	6.42	12	15.08	40	140	40	100	8.55
78	个人	轮胎	1	5	3	1	0.69	0.5	B	A	B	A	B	B	442.4	4.52	8.85	3.11	2.1	16.52	13.45	17.31	12.95	50	20	45	90	7.41
79	个人	手机	0	3	2	1	0.74	<0.1	B	A	B	A	A	A	334	4.19	8.35	2.55	1.23	15.00	80.00	9.99	16.3	40	13.99	16	40	7.2
80	个人	家具	0	1	0	0	1	<0.1	C	B	B	B	B	B	190.2	49.45	12.68	6.92	0.25	8.28	3.69	25	8.8	15	0	2	13.33	9.75
81	个人	机电	0	11	5	2	0.24	<0.1	B	A	B	B	B	B	90	23.01	15.00	1.86	1.44	6.42	3.13	8.75	14.25	6	18.71	6	100	8.55
82	个人	农产	0	4	3	1	0.5	0.3	C	A	B	B	B	A	509	10	8.48	2.7	1.6	27.91	11.21	15	6.5	60	51	50	83.33	8.55
83	个人	服装	0	3	1	2	0.22	0.3	C	B	C	B	B	B	139	13.95	4.63	1.96	0.46	17.91	10.43	9	13	30	71	20	66.67	9.03
84	个人	餐饮	1	9	7	0	1	0.4	B	A	A	B	B	B	1 565	1.28	5.22	3.7	3	120	66.67	27.74	23.87	300	0	295	98.33	7.8

续表

编号	类型	行业	是否基本户	合作时间（年）	本行贷款次数	融资银行家数	关系集中度	积数比	行业前景	业主素质	社会关系	产业约束	产品与市场拓展	抵押担保情况	资产总额（万元）	资产负债率（%）	资产贷款比	流动比率	速动比率	应收账款周转率	存货周转率	毛利率（%）	净利率（%）	申请贷款金额（万元）	他行已贷金额（万元）	获批贷款金额（万元）	贷款满足率（%）	贷款利率（‰）
85	个人	冷冻	0	2	3	1	0.27	0.3	B	A	B	A	B	B	145	34.48	9.67	2.88	1.27	10.91	5.48	9.2	15.2	15	40	9	60	8.28
86	个人	水产	0	3	4	2	0.16	0.3	C	B	B	B	C	B	439	40.55	8.78	1.18	0.57	10.43	80.00	9.24	11.34	50	178	35	70	8.55
87	个人	地板	1	5	7	0	1	1.1	A	A	A	A	B	A	346	0.05	24.71	12.1	6.2	33.48	14.92	15	26.5	14	0	13	92.86	5.31
88	个人	机电	0	1	0	1	0.91	0.3	B	B	B	A	A	B	1 297	30.07	12.97	3.41	1.56	6.59	8.28	13.33	16.22	100	10	20	20	8.55
89	个人	粮油	1	5	4	1	0.3	1.5	A	A	B	B	A	B	278	2	5.56	4.32	2.29	18.57	9.00	16.8	21.7	50	103	49	98	6.39
90	个人	粮油	0	4	4	1	0.51	0.7	B	A	B	A	B	B	630	10.6	15.75	2.79	1.65	16.86	10.48	15.6	20.7	40	38	35	87.5	7.05
91	个人	餐饮	0	1	0	5	0.1	0.2	C	C	B	C	B	C	266	66.49	8.87	1.17	0.42	80.00	60.00	24.44	5.55	30	283	20	66.67	10.3
92	个人	服装	0	2	1	0	1	0.3	C	B	B	C	B	B	209	31.55	6.97	3.66	1.32	8.00	4.80	11.75	4.98	30	0	6	20	9.03
93	个人	粮油	0	4	3	3	0.29	0.5	B	A	B	B	B	B	1 845	21.19	12.30	5.65	2.54	16.00	14.29	8.42	15.32	150	366	150	100	7.41
94	个人	绢花	1	4	4	2	0.24	0.3	B	A	B	A	B	B	672	21.53	16.80	7.33	0.79	15.00	8.00	11.67	14.12	40	128	40	100	8.55
95	个人	木材	1	2	4	2	0.27	0.3	B	A	B	B	B	C	164	32.91	4.10	4.04	0.71	16.00	8.00	7.43	12.78	40	110	40	100	8.55
96	公司	配件	1	2	2	0	1	0.3	A	A	B	A	B	B	1 961	27.7	14.01	3.76	2.34	3.75	26.67	20.65	21.45	140	0	80	57.14	6.96
97	公司	钢材	0	3	2	4	0.3	0.4	B	A	A	B	B	A	2 124	22.13	10.62	2.48	1.42	11.88	25.53	8.7	13.94	200	470	195	97.5	7.41
98	公司	桥架	0	4	3	4	0.14	0.4	B	A	B	A	B	C	4 830	28.24	17.25	1.94	0.63	3.43	24.29	18.7	11.3	280	1745	280	100	7.8
99	公司	桥梁	0	2	3	7	0.06	0.2	B	A	B	A	B	A	10 280	39.37	57.11	1.78	0.97	11.01	13.10	22.33	11.58	180	3007	180	100	7.59
100	公司	客运	0	1	0	0	1	<0.1	B	B	C	B	C	B	1 260	33.77	12.60	3.45	3.11	11.76	46.15	34.25	7.57	100	0	10	10	8.55
101	公司	投资	0	5	3	3	0.36	0.5	A	A	B	B	A	B	895	7	2.98	4.15	3.62	12.50	24.00	43.33	33.54	300	530	300	100	7.41
102	公司	建筑	0	3	4	2	0.39	0.7	B	A	B	B	B	A	175 18	24.46	35.04	4.11	2.57	5.12	8.45	7.94	20.68	500	780	400	80	7.05
103	公司	门窗	0	3	3	1	0.51	0.4	B	A	B	B	B	B	2 613	10	13.07	3.58	1.56	8.33	13.53	17.77	17.33	200	190	140	70	6.57
104	公司	化工	1	3	3	0	1	1.5	A	A	A	B	B	B	1 610	12.07	24.77	2.88	2.02	12.00	9.23	10	25.32	65	0	35	53.85	5.64
105	公司	净化	1	3	5	0	1	0.4	A	A	B	B	B	B	1 574	14.11	10.49	2.34	1.54	17.50	10.00	17.8	19.4	150	0	130	86.67	6.57
106	公司	钢材	0	5	7	2	0.25	0.4	A	A	A	B	B	A	12 309	49.63	82.06	5.06	1.78	31.58	14.46	7	10.28	150	450	150	100	6.09
107	公司	建材	0	1	0	5	0.19	0.3	B	B	B	C	B	A	2 151	44.07	10.76	1.44	1.14	4.14	5.45	4	12.56	200	860	180	90	8.55
108	公司	五金	0	2	2	0	1	0.3	A	A	B	B	B	B	1 655	29	23.64	3.1	2.72	13.87	12.93	8.28	17.24	70	0	50	71.43	6.96
109	公司	织品	0	1	0	1	0.56	0.3	B	B	B	B	B	B	6 092	52.67	12.18	0.98	0.46	5.15	10.71	20.91	9.39	500	400	200	40	8.58
110	公司	建材	0	3	3	3	0.32	0.5	B	A	B	B	B	B	1 552	34.67	9.70	1.99	1.94	12.00	8.29	11.54	15.22	160	347	140	87.5	7.41
111	公司	钢材	0	2	3	1	0.47	0.5	B	A	C	A	B	B	2 366	15.64	15.77	6.39	2.39	12.68	12.61	5	14.2	150	170	78	52	7.41
112	公司	化工	0	1	0	9	0.08	<0.1	C	B	B	B	B	B	10 132	47.08	36.19	1.76	0.41	2.59	30.00	13.03	8.07	280	3065	280	100	8.58

续表

编号	类型	行业	是否基本户	合作时间（年）	本行贷款次数	融资银行家数	关系集中度	积数比	行业前景	业主素质	社会关系	产业约束	产品与市场拓展	抵押担保情况	资产总额（万元）	资产负债率（%）	资产贷款比	流动比率	速动比率	应收账款周转率	存货周转率	毛利率（%）	净利率（%）	申请贷款金额（万元）	他行已贷金额（万元）	获批贷款金额（万元）	贷款满足率（%）	贷款利率（‰）
113	公司	软件	0	1	1	1	0.62	<0.1	A	A	A	B	A	A	515	9.22	6.44	4.63	3.63	20.00	20.00	30	25.8	80	50	30	37.5	6.96
114	公司	服装	0	3	5	2	0.02	0.5	C	B	B	B	C	B	420	53.29	18.26	3.47	0.89	11.91	12.13	21.67	13.49	23	1 000	23	100	7.41
115	公司	窗帘	1	4	6	3	0.5	<0.1	B	A	A	B	B	B	569	5.82	8.13	4.67	2.43	20.00	14.80	12	28	70	70	70	100	6.96
116	公司	加工	1	3	3	1	0.42	0.1	B	B	B	C	C	B	299	25.75	9.97	3.76	1.69	9.02	16.00	21.89	6.38	30	42	25	83.33	8.04
117	公司	电机	0	1	0	4	0.05	<0.1	B	A	B	B	B	C	1 950	39.59	9.75	2.54	1.18	2.68	7.11	13.79	6.03	200	4 100	195	97.5	8.55
118	公司	环保	1	4	3	0	1	1	B	A	A	A	B	B	428	8.9	10.70	6.7	3.2	20.69	9.68	10	4.19	40	0	30	75	6.72
119	公司	金属	0	2	2	3	0.15	0.4	B	A	B	B	A	B	954	49.27	11.93	1.93	0.99	19.05	10.00	11	10.62	80	450	56	70	7.8
120	公司	金属	0	2	2	2	0.19	0.5	B	A	B	B	A	A	2 610	49.18	37.29	1.66	1.12	14.55	12.17	10	15.57	70	300	35	50	7.41
121	公司	金属	0	2	4	3	0.29	1	B	A	B	B	A	A	1 025	38.05	8.54	2.26	1.33	12.86	20.00	11.78	16.69	120	290	110	91.67	6.72
122	公司	服装	0	4	3	3	0.18	0.25	A	A	A	B	B	A	3 599	19.37	29.99	3.48	0.82	9.45	7.70	30	35	120	562	120	100	7.17
123	公司	钢铁	0	4	2	0	1	0.4	B	A	A	B	B	A	1 420	31.45	9.47	1.19	0.55	10.26	10.17	9	16.33	150	0	80	53.33	7.8
124	公司	金属	0	4	2	3	0.26	0.7	B	A	B	B	B	A	1 564	57.97	7.82	2.44	1.5	25.00	15.00	11	21.35	200	580	195	97.5	7.05
125	个人	配件	0	4	2	1	0.5	0.3	C	B	B	C	B	C	700	44.6	23.33	2.56	0.65	31.58	3.42	8.47	13.76	30	30	20	66.67	9.03
126	个人	配件	1	2	3	2	0.2	0.4	B	A	B	B	B	B	238	35.34	11.90	2.83	0.99	18.46	4.15	16.6	10.8	20	80	20	100	8.28
127	个人	石材	0	6	3	5	0.04	0.25	B	B	B	B	B	B	1 052	55.31	26.30	2.66	0.3	2.73	1.85	3.58	6.85	40	875	40	100	9.36
128	个人	售车	1	2	2	0	1	0.3	B	A	B	A	B	B	264	10	13.20	4.5	2.75	40.00	18.00	15.65	15.32	20	0	15	75	7.44
129	个人	制作	1	3	1	1	0.52	0.3	B	A	B	C	B	B	56	9.22	3.73	0.65	0.6	25.00	30.00	65.85	11.55	15	14	10	66.67	9.03
130	个人	木业	1	11	21	4	0.44	0.7	A	A	B	B	B	A	6 065	9.71	7.58	2.02	1.8	11.30	11.85	23.1	26.2	800	1 000	800	100	6.39
131	个人	女包	0	3	2	1	0.29	0.3	B	B	C	B	C	B	766	40.37	7.66	0.35	0.1	12.86	6.70	20	17.39	100	200	70	70	8.55
132	个人	服装	0	5	2	2	0.38	0.3	B	B	B	B	B	B	141	12.79	4.70	2.66	0.7	24.00	4.00	10	16.67	30	50	21	70	9.03
133	个人	建材	0	3	5	2	0.38	0.7	A	A	B	B	B	B	2 247	19.91	22.47	3.05	2.82	22.33	10.00	20	28.75	100	160	93	93	6.56
134	个人	干货	0	1	0	3	0.25	0.3	B	A	C	B	B	B	725	34.48	18.13	3.58	1.11	8.00	7.74	14.74	13.84	40	105	21	52.5	8.55
135	个人	广告	1	3	3	1	0.5	0.3	B	A	B	A	A	A	427	6.41	8.54	4.22	3.22	13.31	48.00	36.36	14.9	50	50	40	80	6.96
136	个人	冷冻	0	4	2	2	0.54	0.3	B	A	B	A	B	B	665	10.32	8.31	8.26	0.97	23.33	10.00	4.1	13.02	80	68.6	40	50	8.55
137	个人	五金	0	2	2	0	1	0.3	B	A	A	B	B	B	1 413	22.74	23.55	2.75	2.7	11.20	12.67	16.67	21.33	60	0	18	30	6.96
138	个人	五金	1	7	13	2	0.33	1	B	A	B	A	B	A	3 060	21.03	20.40	4.25	1.25	17.23	11.54	20	29.67	150	308	150	100	6.72
139	个人	鞋类	0	5	3	3	0.22	0.3	B	A	C	B	B	B	1 875	58.45	18.75	1.23	1.03	12.14	10.81	15	14.83	100	354	100	100	8.55
140	个人	设备	0	1	0	4	0.11	<0.1	C	C	C	B	C	C	1 691	56.54	5.64	0.81	0.42	4.58	6.42	8.4	5.45	300	2 157	275	91.67	10.6

续表

编号	类型	行业	是否基本户	合作时间（年）	本行贷款次数	融资银行家数	关系集中度	积数比	行业前景	业主素质	社会关系	产业约束	产品与市场拓展	抵押担保情况	资产总额（万元）	资产负债率（%）	资产贷款比	流动比率	速动比率	应收账款周转率	存货周转率	毛利率（%）	净利率（%）	申请贷款金额（万元）	他行已贷金额（万元）	获批贷款金额（万元）	贷款满足率（%）	贷款利率（‰）
141	个人	服装	0	8	5	0	1	0.3	B	B	B	B	B	A	3 480	40	23.20	4.7	1	12.00	6.00	11	7	150	0	130	86.67	8.55
142	个人	装饰	1	5	6	6	0.15	0.5	A	A	B	A	B	A	1 465	26.62	12.21	2.24	1.22	5.67	24.00	21.5	25.6	120	683	120	100	7.41
143	个人	杂粮	0	3	4	2	0.25	0.7	B	A	A	A	A	A	1 219	24.44	12.19	1.91	0.95	30.00	9.60	14	22.5	100	298	94	94	7.05
144	个人	大米	0	2	2	1	0.4	0.4	A	A	A	B	B	A	390	18.97	7.80	3.76	2.15	15.09	16.67	11.62	15.62	50	74	25	50	7.8
145	个人	滤布	0	2	1	6	0.07	0.4	B	B	B	B	B	A	10 775	39.77	53.88	1.52	1.33	13.75	14.62	10.8	16.4	200	2 694	200	100	7.8
146	个人	房产	0	3	1	1	0.84	0.3	C	B	B	B	C	B	848	47.8	2.92	1.8	0.32	8.60	15.00	11.3	15.4	290	55.6	200	68.97	8.55
147	个人	广告	1	4	1	0	1	0.5	A	A	B	B	B	B	990	0.24	16.50	5.6	4.8	21.05	30.00	50	13.75	60	0	30	50	6.96
148	个人	服装	0	2	3	3	0.17	0.3	B	A	B	B	B	B	904	11.48	18.08	2.78	1.82	15.00	10.00	22.5	22.8	50	246	40	80	6.96
149	个人	建筑	0	9	4	2	0.25	0.2	B	A	B	A	B	A	4 329	31.55	21.65	3.32	1.47	2.26	18.28	22.1	18.9	200	600	200	100	7.8
150	个人	图文	1	2	2	0	1	0.1	B	A	B	B	B	C	153	11.5	3.83	4.65	3.78	15.00	12.00	54.2	13.78	40	0	30	75	8.04
151	个人	日用	1	1	0	0	1	0.1	B	A	C	B	B	B	93	0	6.20	5.4	1.9	30.00	16.90	18.57	17.57	15	0	4	26.67	7.44
152	个人	化妆	1	4	2	1	0.38	0.4	B	A	A	B	B	B	443	28.89	14.77	2.3	0.3	80.00	4.33	23.75	19.69	30	50	27	90	8.28
153	个人	冷冻	1	4	6	2	0.25	1	A	A	A	A	A	A	745	21.48	18.63	3.65	1.76	31.58	16.00	15	23.11	40	120	40	100	6.72
154	个人	灯具	1	3	2	2	0.5	0.3	A	A	B	A	B	A	191	7.27	4.78	4.31	2.96	14.65	21.43	34.78	13.96	40	33	33	82.5	6.96
155	个人	日化	0	2	2	1	0.29	0.1	A	A	B	B	A	B	1 281	41.43	10.68	2.21	0.98	17.14	5.45	13.89	17.43	120	300	60	50	8.55
156	个人	设备	0	2	3	3	0.21	0.2	C	A	B	A	B	B	2 454	23.4	12.27	1.91	0.68	12.61	8.62	18.22	17.65	200	770	150	75	7.59
157	个人	测绘	0	3	1	3	0.14	<0.1	B	B	C	C	B	B	115	41.34	5.75	1.5	0.9	1.20	60.00	55	9	20	125	14	70	10.3
158	个人	童装	0	3	5	0	1	0.7	A	A	B	B	B	B	2 319	11.86	15.46	3.03	2.05	14.29	18.00	20	17.87	150	0	70	46.67	6.09
159	个人	医疗	1	5	12	5	0.05	1.4	A	A	A	A	B	A	1 903	6.28	40.49	3.79	2.28	10.62	21.70	22.1	26.8	47	881	47	100	4.83
160	个人	家具	0	3	1	8	0.2	0.2	A	B	B	B	B	B	1 174	34.24	11.74	0.85	0.41	7.62	2.70	18.72	18.45	100	402	100	100	8.55
161	个人	建材	0	2	4	4	0.1	0.1	B	B	B	B	B	B	3 871	40.94	96.78	0.81	0.27	3.43	12.31	9.23	13.45	40	367	40	100	8.55
162	个人	石材	0	3	4	3	0.34	0.1	A	B	C	B	B	C	1 264	23.17	6.32	10.83	0.17	10.26	1.80	8.78	13.91	200	119	150	75	8.55
163	个人	建材	0	4	7	5	0.09	0.3	B	B	B	B	A	B	2 385	46.28	29.81	3.52	0.58	8.15	11.57	17.79	14.21	80	630	79	98.75	7.8

附表 2

样本的过程性测算数据一览表

编号	FAC1_1（关系长度）	FAC2_1（关系规模）	FAC3_1（关系深度）	关系强度	行业前景	业主素质	社会关系	产业约束	产品市场拓展	抵押担保情况	资产负债率（%）	资产贷款比	流动比率	速动比率	应收账款周转率	存货周转率	毛利率（%）	净利率（%）	信用评价分值	信用等级	贷款利率（%）
1	2. 024394	0. 8327489	0. 648344	1. 364444	80	100	80	80	80	100	80	100	80	50	50	80	20	50	82. 68	8	7. 41
2	−0. 59056	0. 7986128	0. 414199	0. 082282	50	80	80	50	80	80	50	80	80	20	50	50	100	50	67. 73	6	8. 55
3	1. 310851	0. 9294799	−0. 22241	0. 92369	80	100	100	80	100	100	80	80	50	50	50	80	80	100	87. 17	8	7. 41
4	−0. 29786	1. 0490612	0. 896014	0. 389886	80	100	80	80	80	80	100	80	100	50	80	50	100	80	82. 2	8	7. 8
5	1. 288581	0. 494331	−0. 30418	0. 739941	100	100	80	80	100	100	80	80	50	50	50	80	80	50	86. 39	8	7. 41
6	0. 940637	0. 2967513	−0. 35088	0. 495816	80	100	80	80	100	80	80	50	50	80	50	50	80	100	79. 78	7	7. 17
7	1. 025258	−0. 6886	−1. 6335	−0. 03333	50	50	80	50	80	80	50	50	50	50	20	50	50	50	60. 82	6	9. 03
8	−0. 93718	−1. 423588	−0. 89389	−1. 10916	80	50	80	80	80	80	50	50	50	20	80	20	50	50	63. 53	6	9. 6
9	−1. 30355	0. 3674024	0. 204093	−0. 44608	50	80	50	80	80	80	20	50	50	50	50	80	50	50	65. 16	6	9. 6
10	0. 97015	−0. 038238	0. 397762	0. 507009	100	100	100	80	100	80	80	80	50	50	100	80	100	80	86. 44	8	7. 89
11	0. 261161	−0. 199207	−1. 85906	−0. 24956	50	50	50	50	80	80	80	50	50	20	20	100	80	50	62. 41	6	9. 6
12	2. 064262	0. 899514	−0. 15691	1. 278143	80	100	80	80	80	100	50	80	80	50	80	50	50	80	82. 03	8	7. 8
13	−0. 93536	−1. 432674	0. 500561	−0. 88714	80	100	80	80	80	80	80	50	80	50	50	50	50	50	74. 96	7	9. 03
14	−0. 85732	−1. 408471	−0. 84046	−1. 05737	50	50	50	50	80	80	80	20	100	20	50	20	50	20	57. 33	5	9. 75
15	0. 255989	−1. 357522	−1. 77266	−0. 66424	50	50	80	50	80	80	80	50	50	50	20	50	80	80	63. 34	6	9. 6
16	1. 897171	−0. 288342	−1. 31117	0. 576577	100	100	100	100	100	100	80	80	80	100	20	100	100	80	93. 15	9	7. 17
17	0. 198038	−1. 724397	−1. 69042	−0. 81327	50	80	80	80	80	80	100	50	80	20	80	50	50	50	69. 93	6	9. 75
18	−0. 80158	0. 305597	−1. 01065	−0. 42791	80	50	80	50	80	80	50	80	20	20	50	50	50	80	64. 2	6	9. 6
19	−0. 58871	0. 3318963	−0. 95358	−0. 30876	80	80	80	50	80	80	80	50	100	50	50	50	50	20	70. 37	7	9. 75
20	−0. 42055	0. 2556893	−0. 85238	−0. 24129	50	50	80	80	80	80	50	50	50	20	50	20	20	50	58. 04	5	9. 75
21	1. 960057	0. 4596702	−1. 42677	0. 862786	80	80	100	80	80	80	50	20	50	80	50	100	100	80	76. 14	7	7. 8
22	0. 790468	0. 4157424	−1. 61952	0. 264599	50	80	80	50	80	80	20	100	20	20	50	20	80	50	62. 43	6	9. 6
23	−0. 56267	0. 2998207	−0. 84589	−0. 29096	50	50	80	80	80	80	80	50	80	50	80	50	50	20	64. 72	6	9. 6

续表

编号	FAC1_1（关系长度）	FAC2_1（关系规模）	FAC3_1（关系深度）	关系强度	行业前景	业主素质	社会关系	产业约束	产品市场拓展	抵押担保情况	资产负债率（%）	资产贷款比	流动比率	速动比率	应收账款周转率	存货周转率	毛利率（%）	净利率（%）	信用评价分值	信用等级	贷款利率（%）
24	-1.0134	0.3596216	-1.07475	-0.51814	50	50	80	50	80	50	80	50	80	50	50	50	100	20	56.61	5	9.6
25	-0.85732	-1.408471	-0.84046	-1.05737	50	50	50	50	80	80	50	50	100	50	100	80	20	80	65.48	6	9.6
26	-0.39748	-0.764709	-0.67316	-0.57697	80	80	100	50	80	100	100	50	50	80	50	20	20	50	75.07	7	9.6
27	-0.92871	-0.011089	-1.00253	-0.603	50	80	80	50	80	80	50	80	100	50	80	50	80	20	69.1	6	9.75
28	-0.42792	0.4453874	-0.85401	-0.17523	50	50	80	50	80	50	80	20	50	50	100	20	80	50	55.19	5	9.75
29	-0.73719	1.4025329	-1.00698	0.006577	50	80	80	50	80	80	50	50	50	80	50	20	80	20	64.26	6	9.75
30	2.367082	1.5938661	1.050305	1.870615	80	100	80	80	100	100	50	100	100	80	50	80	50	80	86.93	8	7.53
31	2.941472	-1.177215	-1.07135	0.780142	100	100	80	80	80	80	20	80	50	50	50	50	80	20	73.91	7	7.65
32	-1.02549	0.9441349	-1.09597	-0.31221	50	50	80	50	100	80	50	50	80	20	50	20	20	50	59.4	5	9.6
33	-0.43348	0.7751612	-0.8679	-0.05876	50	80	50	50	80	80	50	50	20	50	50	50	50	50	62.62	6	9.6
34	-0.13244	0.7000216	-0.76216	0.072438	80	80	80	50	80	80	50	50	50	50	100	20	80	80	70.85	7	9.75
35	1.9282	0.0644867	-1.23716	0.732917	80	100	100	100	80	100	80	80	80	100	100	100	100	100	93.66	9	7.17
36	-0.72411	-1.381264	-0.83822	-0.98425	50	50	80	50	80	80	100	50	50	50	100	50	20	50	64.51	6	9.75
37	0.694623	0.6836704	-1.66778	0.310247	50	80	80	80	100	80	50	50	80	50	80	50	50	50	70.15	7	9.03
38	-1.09215	0.2807339	0.27105	-0.36759	50	80	80	80	80	80	50	50	80	80	50	20	50	50	66.9	6	9.03
39	0.277895	-1.70928	-1.63699	-0.76148	50	80	80	50	80	50	50	50	80	20	80	100	100	100	65.48	6	9.75
40	-0.04993	0.0114404	0.731533	0.098463	80	100	80	80	100	100	80	50	50	80	50	50	50	20	80.24	8	8.55
41	-0.51871	1.1035852	-0.93642	0.01088	80	80	80	50	50	100	50	80	50	50	20	50	50	50	70.77	7	9.6
42	-1.31016	0.6156843	0.197335	-0.35894	50	50	80	80	50	50	50	50	50	50	50	50	50	50	52.53	5	9.75
43	0.838398	0.0087258	-1.63403	0.1351	80	100	100	100	100	80	100	50	100	50	80	50	50	80	82.48	8	7.65
44	-0.55557	0.088752	-0.84239	-0.3647	50	80	80	80	50	50	20	50	50	20	80	20	100	50	55.04	5	9.75
45	1.454136	0.366134	-1.59208	0.563419	80	50	50	80	100	80	50	50	50	50	50	50	80	50	66.55	6	8.28
46	1.84988	1.8974043	-1.53249	1.322803	100	100	80	100	80	80	80	80	100	80	80	50	100	100	86.3	8	7.53

续表

编号	FAC1_1（关系长度）	FAC2_1（关系规模）	FAC3_1（关系深度）	关系强度	行业前景	业主素质	社会关系	产业约束	产品市场拓展	抵押担保情况	资产负债率（%）	资产贷款比	流动比率	速动比率	应收账款周转率	存货周转率	毛利率（%）	净利率（%）	信用评价分值	信用等级	贷款利率（%）
47	-0. 2181	-1. 281499	-0. 67345	-0. 68264	50	80	50	80	80	80	100	50	100	50	50	50	80	50	70. 41	7	9. 03
48	-0. 42309	0. 8797019	0. 891246	0. 267816	80	80	80	50	80	100	50	80	80	50	80	50	50	20	75. 44	7	8. 28
49	2. 438881	-0. 254736	-1. 31061	0. 844231	100	100	80	80	80	100	100	80	80	80	80	80	100	80	91. 48	9	7. 17
50	1. 398577	0. 4333677	0. 864842	0. 957545	80	100	80	80	80	80	80	80	100	100	50	50	100	50	80. 78	8	7. 53
51	-0. 48448	0. 9450274	-0. 83263	-0. 01461	80	80	80	80	80	80	50	50	20	20	20	20	50	50	64. 1	6	9. 75
52	-0. 64425	-1. 366147	-0. 78479	-0. 93246	50	80	50	50	80	50	100	20	50	50	50	20	80	20	55. 79	5	9. 75
53	0. 766292	-1. 623143	0. 192371	-0. 20518	50	80	80	80	80	80	50	50	50	50	100	50	50	50	68. 36	6	8. 28
54	-1. 02162	-1. 034218	-0. 96775	-1. 01758	50	80	80	50	80	50	80	50	80	20	50	50	20	50	58. 15	5	9. 75
55	0. 630143	0. 189032	-0. 31553	0. 315605	80	80	80	80	100	100	80	50	80	50	80	20	50	20	76. 77	7	8. 55
56	-0. 64333	0. 2223334	-0. 89386	-0. 36519	50	50	80	80	80	80	50	50	50	50	50	20	50	50	60. 31	6	9. 75
57	0. 521101	-1. 682098	1. 3122	-0. 16209	50	100	100	50	100	100	100	100	80	100	100	100	100	100	91. 74	9	6. 33
58	0. 042759	1. 6504463	1. 311953	0. 838567	80	100	100	80	80	80	80	50	50	80	100	100	80	80	83. 25	8	7. 41
59	0. 635344	-0. 018792	-1. 70597	0. 017736	50	80	80	80	80	80	50	50	50	80	50	50	50	50	67. 54	6	9. 75
60	0. 970333	-0. 572305	0. 819135	0. 378454	100	100	50	80	100	80	50	20	50	50	100	20	50	50	73. 8	7	7. 53
61	1. 454691	0. 1101906	1. 217625	0. 921882	100	100	80	100	100	100	100	80	100	100	20	100	100	100	94. 92	9	6. 72
62	-0. 93511	0. 2536714	-1. 01073	-0. 50993	50	50	50	50	80	80	50	20	20	20	100	100	20	50	59. 85	5	11. 64
63	0. 185241	1. 5632587	0. 53752	0. 780021	80	80	100	50	80	80	50	80	50	50	50	100	100	50	74. 91	7	8. 28
64	-1. 0176	0. 7940304	-1. 0978	-0. 36401	80	80	80	80	80	50	50	100	50	20	50	20	50	20	60. 14	6	9. 6
65	-0. 80587	0. 7330106	-1. 03309	-0. 2763	80	80	80	50	80	100	50	50	50	50	20	80	100	50	75. 16	7	9. 75
66	1. 047813	-0. 192554	0. 46602	0. 497813	100	100	80	80	100	100	80	50	80	50	50	50	100	80	86. 38	8	7. 41
67	0. 180251	-1. 502734	2. 366253	-0. 08697	100	100	80	100	80	100	100	100	100	50	80	80	80	80	91. 97	9	6. 57
68	-0. 71521	-1. 391864	0. 930998	-0. 69911	80	100	100	80	100	80	100	80	80	100	100	100	100	100	90. 58	9	6. 57
69	-1. 16828	0. 0053579	0. 615031	-0. 44939	80	100	100	80	100	80	100	50	50	50	50	100	80	50	81. 16	8	7. 8

续表

编号	FAC1_1（关系长度）	FAC2_1（关系规模）	FAC3_1（关系深度）	关系强度	行业前景	业主素质	社会关系	产业约束	产品市场拓展	抵押担保情况	资产负债率（%）	资产贷款比	流动比率	速动比率	应收账款周转率	存货周转率	毛利率（%）	净利率（%）	信用评价分值	信用等级	贷款利率（%）
70	0.933732	0.1623083	0.679899	0.609058	80	100	80	50	80	100	100	80	100	20	100	50	80	20	82.11	8	7.53
71	-0.72315	-1.307357	-0.84469	-0.95765	50	80	80	80	80	50	50	50	100	20	80	20	80	50	60.08	6	9.75
72	-0.72755	-1.397922	1.575911	-0.60332	80	100	80	100	80	80	100	50	50	80	100	50	50	80	80.41	8	7.53
73	1.181678	-0.115092	0.46386	0.589028	100	100	80	80	100	100	80	50	80	50	50	50	80	50	84.46	8	7.41
74	0.914609	-0.21897	0.463713	0.424971	100	100	80	80	100	100	100	80	100	100	80	50	80	50	90.95	9	7.89
75	-0.79808	-0.18333	-0.98284	-0.60166	50	80	80	80	80	80	50	50	100	20	20	20	50	50	63.79	6	9.75
76	-0.13844	0.9950182	-0.77301	0.176392	50	80	50	80	80	80	50	80	50	50	20	20	50	50	63.27	6	9.6
77	-0.19249	0.7800253	0.689594	0.307312	80	80	80	100	100	80	50	50	50	50	50	50	50	80	73.14	7	8.55
78	0.720076	-0.873091	0.566473	0.10922	80	100	80	100	80	80	100	50	80	100	80	50	80	50	81.25	8	7.41
79	-0.43208	-0.63484	-0.77444	-0.5618	80	100	80	100	100	100	100	50	80	50	80	100	50	80	88.62	8	7.2
80	-1.01703	-1.438706	-0.94732	-1.16094	50	80	80	80	80	80	50	50	100	20	50	20	100	50	66.69	6	9.75
81	1.249133	0.7449925	0.009692	0.864109	80	100	80	80	80	80	80	80	50	80	50	20	50	50	74.71	7	8.55
82	-0.34551	-0.250869	0.640362	-0.15197	50	100	80	80	80	100	100	50	80	80	100	50	80	20	80.69	8	8.55
83	-0.77224	0.3782906	0.481528	-0.1471	50	80	50	80	80	80	100	20	50	20	80	50	50	50	66.27	6	9.03
84	2.044367	-1.375229	0.786824	0.583833	80	100	100	80	80	80	100	50	80	100	100	100	100	80	86.91	8	7.8
85	-0.66052	0.0304605	0.396727	-0.23609	80	100	80	100	80	80	50	50	80	80	50	50	50	80	76.8	7	8.28
86	-0.37149	0.5451755	0.48078	0.102965	50	80	80	80	50	80	50	50	50	50	50	100	50	50	66.85	6	8.55
87	1.034538	-1.577816	1.591296	0.163091	100	100	100	100	80	100	100	80	100	100	100	50	80	100	94.05	9	5.31
88	-1.3124	-1.074863	0.315338	-0.96294	80	80	80	100	100	80	50	50	80	80	50	50	50	80	75.53	7	8.55
89	0.576987	-0.317021	2.176592	0.505618	100	100	80	80	100	80	100	50	100	100	80	50	80	80	86.1	8	6.39
90	-0.51084	-0.315997	1.555572	-0.10647	80	100	80	100	80	80	100	80	80	80	80	50	80	80	82.94	8	7.05
91	-1.09505	1.3862309	-0.42517	-0.07434	50	50	80	50	80	50	20	50	50	20	100	100	80	20	55.43	5	10.29
92	-1.01522	-1.447792	0.44713	-0.93892	50	80	80	50	80	80	50	50	80	80	50	20	50	20	64.37	6	9.03

续表

编号	FAC1_1（关系长度）	FAC2_1（关系规模）	FAC3_1（关系深度）	关系强度	行业前景	业主素质	社会关系	产业约束	产品市场拓展	抵押担保情况	资产负债率（%）	资产贷款比	流动比率	速动比率	应收账款周转率	存货周转率	毛利率（%）	净利率（%）	信用评价分值	信用等级	贷款利率（%）
93	−0.49913	0.6112513	1.23462	0.188514	80	100	80	80	50	80	80	50	100	100	80	50	50	80	78.08	7	7.41
94	0.842111	0.1460601	−0.2524	0.409818	80	100	80	100	80	80	80	80	100	50	80	50	50	50	79.09	7	8.55
95	0.60197	0.0567809	−0.40885	0.238653	80	100	80	80	80	50	50	20	100	50	80	50	20	50	65.89	6	8.55
96	0.253212	−1.721395	−0.34717	−0.56991	100	100	80	100	80	80	80	50	80	100	20	100	80	80	84.01	8	6.96
97	−0.7255	0.8490403	0.794773	0.098538	80	100	100	80	80	100	80	50	50	80	50	100	50	50	83.71	8	7.41
98	−0.42938	1.1528302	0.882314	0.363898	80	100	80	100	80	50	80	80	50	50	20	80	80	50	70.23	7	7.8
99	−0.54704	2.1398198	−0.33781	0.475143	80	100	80	100	80	100	50	100	50	50	50	50	80	50	81.09	8	7.59
100	−1.01703	−1.438706	−0.94732	−1.16094	80	80	50	80	50	80	50	50	80	100	50	100	100	50	73.73	7	8.55
101	−0.42068	0.5176002	1.29757	0.201152	100	80	80	80	100	80	100	20	100	100	50	80	100	100	83.99	8	7.41
102	−0.67419	0.1322375	1.421809	−0.04005	80	100	80	80	80	100	80	100	100	100	50	50	50	80	86.08	8	7.05
103	−0.57836	−0.325058	0.857229	−0.25404	80	100	80	80	80	80	100	50	80	80	50	50	80	80	79.54	7	6.57
104	0.036694	−1.780376	2.011296	−0.31389	100	100	100	80	80	80	100	80	80	100	50	50	50	100	84.57	8	5.64
105	0.819649	−1.611055	0.141178	−0.18384	100	100	80	80	80	80	100	50	50	80	80	50	80	80	81.87	8	6.57
106	0.193239	0.523789	0.980651	0.441622	100	100	100	80	80	100	50	100	100	80	100	50	20	50	86.52	8	6.09
107	−1.32231	1.1951277	0.176568	−0.15483	80	80	80	50	80	100	50	50	50	50	20	50	20	50	70.8	7	8.55
108	−0.882	−1.420585	0.449368	−0.8658	100	100	80	80	80	80	80	80	80	100	50	50	50	80	81.84	8	6.96
109	−1.22551	−0.516217	0.321204	−0.71554	80	80	80	80	80	80	20	50	20	20	50	50	80	50	66.52	6	8.58
110	−0.65934	0.5427586	1.131107	0.071175	80	100	80	80	80	80	50	50	50	80	50	50	50	80	74.85	7	7.41
111	−0.80998	−0.30417	1.065775	−0.32189	80	100	50	100	80	80	80	80	100	100	50	50	20	50	77.73	7	7.41
112	−1.05336	2.5854631	−1.16475	0.267427	50	80	80	80	80	80	50	100	50	20	20	100	50	50	68.74	6	8.58
113	−0.80237	−0.514465	−0.95386	−0.72084	100	100	100	80	100	100	100	50	100	100	80	80	100	100	95	9	6.96
114	−0.38101	0.7571787	1.10661	0.277236	50	80	80	80	50	80	20	80	80	50	50	50	80	50	65.76	6	7.41
115	1.388375	0.1549505	−1.5085	0.468202	80	100	100	80	80	80	100	50	100	100	80	50	50	100	83.1	8	6.96

续表

编号	FAC1_1（关系长度）	FAC2_1（关系规模）	FAC3_1（关系深度）	关系强度	行业前景	业主素质	社会关系	产业约束	产品市场拓展	抵押担保情况	资产负债率（%）	资产贷款比	流动比率	速动比率	应收账款周转率	存货周转率	毛利率（%）	净利率（%）	信用评价分值	信用等级	贷款利率（%）
116	0. 849882	−0. 411511	−1. 23759	0. 049732	80	80	80	50	50	80	80	50	80	80	50	80	80	20	71. 35	7	8. 04
117	−1. 02231	1. 1896193	−1. 11745	−0. 22386	80	100	80	80	80	50	50	50	80	50	20	50	50	20	64. 91	6	8. 55
118	0. 414743	−1. 700245	1. 154145	−0. 24432	80	100	100	100	80	80	100	50	100	100	80	50	50	20	80. 58	8	6. 72
119	−0. 95607	0. 7399479	0. 625088	−0. 07754	80	100	80	80	100	80	50	50	50	50	80	50	50	50	75. 09	7	7. 8
120	−0. 94369	0. 3890286	1. 015463	−0. 13796	80	100	80	80	100	100	50	100	50	50	50	50	50	80	82. 06	8	7. 41
121	−0. 83094	0. 5416707	1. 666077	0. 076064	80	100	80	80	100	100	50	50	50	80	50	80	50	80	82. 94	8	6. 72
122	−0. 27851	0. 8375563	0. 25517	0. 218013	100	100	100	80	80	100	80	80	80	50	50	50	100	100	87. 82	8	7. 17
123	−0. 63535	−1. 376746	0. 984429	−0. 64733	80	100	100	80	80	100	50	50	50	50	50	50	50	80	79. 22	7	7. 8
124	−0. 70444	0. 6201271	1. 549107	0. 14569	80	100	80	80	80	100	20	50	50	80	100	80	50	80	81. 95	8	7. 05
125	−0. 47883	−0. 285686	0. 63879	−0. 22783	50	80	80	50	80	50	50	80	80	50	100	20	50	50	60. 52	6	9. 03
126	0. 397304	0. 1154369	−0. 09872	0. 213746	80	100	80	80	80	80	50	50	80	50	80	20	80	50	73. 91	7	8. 28
127	−0. 04843	1. 6674238	0. 376749	0. 651286	80	80	80	80	80	80	20	80	80	20	20	20	20	20	63. 78	6	9. 36
128	0. 333069	−1. 706277	−0. 29374	−0. 51812	80	100	80	100	80	80	100	50	100	100	100	80	80	80	85. 83	8	7. 44
129	0. 363116	−0. 670444	−0. 26452	−0. 11818	80	100	80	50	80	80	100	20	20	50	100	100	100	50	77. 89	7	9. 03
130	4. 07005	1. 0494042	1. 557963	2. 554308	100	100	80	80	80	100	100	50	50	80	50	50	80	100	86. 27	8	6. 39
131	−0. 71413	−0. 001594	0. 449667	−0. 26462	80	80	50	80	50	80	50	50	20	20	50	50	80	80	65. 79	6	8. 55
132	−0. 40254	0. 2122136	0. 664942	−0. 00451	80	80	80	80	80	80	100	20	80	50	80	20	50	80	71. 44	7	9. 03
133	−0. 461	0. 1838007	1. 476669	0. 088188	100	100	80	80	80	80	80	80	80	100	80	50	80	100	84. 93	8	6. 56
134	−1. 23155	0. 5347589	0. 259171	−0. 34172	80	100	50	80	80	80	50	80	80	50	50	50	50	50	73. 42	7	8. 55
135	0. 629889	−0. 589524	−0. 26237	0. 037613	80	100	80	100	100	100	100	50	100	100	50	100	100	50	90. 62	9	6. 96
136	−0. 48565	−0. 054052	0. 63349	−0. 14669	80	100	80	100	80	80	100	50	100	50	80	50	20	50	77. 86	7	8. 55
137	−0. 882	−1. 420585	0. 449368	−0. 8658	80	50	100	80	80	80	80	80	80	100	50	50	80	80	74. 5	7	6. 96
138	2. 307151	0. 2927442	1. 43914	1. 426301	80	100	80	100	80	100	80	80	100	80	80	50	80	100	88. 29	8	6. 72

续表

编号	FAC1_1（关系长度）	FAC2_1（关系规模）	FAC3_1（关系深度）	关系强度	行业前景	业主素质	社会关系	产业约束	产品市场拓展	抵押担保情况	资产负债率（%）	资产贷款比	流动比率	速动比率	应收账款周转率	存货周转率	毛利率（%）	净利率（%）	信用评价分值	信用等级	贷款利率（%）
139	-0. 27231	0. 7679177	0. 6359	0. 25661	80	100	50	80	80	80	20	80	50	50	50	50	80	50	71. 74	7	8. 55
140	-0. 94381	1. 0996032	-1. 05482	-0. 20991	50	50	50	80	50	50	20	50	20	20	20	50	50	20	44. 78	4	10. 62
141	0. 555787	-1. 142436	1. 150683	0. 026789	80	80	80	80	80	100	50	80	100	50	50	50	50	20	76. 17	7	8. 55
142	1. 180067	1. 5112849	0. 501273	1. 192636	100	100	80	100	80	100	80	50	50	50	50	80	80	100	86. 51	8	7. 41
143	-0. 59156	0. 3616221	1. 456489	0. 088853	80	100	100	100	100	100	80	50	50	50	100	50	50	80	85. 26	8	7. 05
144	-0. 86911	-0. 214007	0. 733384	-0. 3701	100	100	100	80	80	100	80	50	80	100	80	80	50	80	89. 2	8	7. 8
145	-1. 02599	1. 7254902	0. 633887	0. 253521	80	80	80	80	80	100	50	100	50	80	50	50	50	80	79. 02	7	7. 8
146	-0. 85836	-0. 879613	0. 521886	-0. 64396	50	80	80	80	50	80	50	20	50	20	50	80	50	80	64. 36	6	8. 55
147	0. 293871	-1. 721394	0. 506994	-0. 41323	100	100	80	80	80	80	100	80	100	100	80	100	100	50	88. 15	8	6. 96
148	-0. 75043	0. 7561501	0. 308407	-0. 02569	80	100	80	80	80	80	100	80	80	80	80	50	80	80	82. 1	8	6. 96
149	0. 650789	0. 6130079	0. 437372	0. 602529	80	100	80	100	80	100	50	80	80	80	20	80	80	80	84. 36	8	7. 8
150	0. 551403	-1. 656381	-1. 25775	-0. 55211	80	100	80	80	80	50	100	20	100	100	80	50	100	50	73. 28	7	8. 04
151	0. 045402	-1. 756147	-1. 42252	-0. 85372	80	100	50	80	80	80	100	50	100	80	100	80	80	80	82. 86	8	7. 44
152	0. 506242	-0. 426069	0. 093344	0. 096768	80	100	100	80	80	80	80	50	50	20	100	20	80	80	76. 03	7	8. 28
153	0. 897048	0. 1307604	1. 09246	0. 646592	100	100	100	100	100	100	80	80	80	80	100	80	80	80	93. 84	9	6. 72
154	0. 410753	-0. 341243	-0. 3285	0. 015074	100	100	80	100	80	100	100	20	100	100	50	80	100	50	88. 8	8	6. 96
155	-0. 57566	0. 0331835	-0. 56778	-0. 3504	100	100	80	80	100	80	50	50	50	50	80	50	50	80	78. 52	7	8. 55
156	-0. 52576	0. 7472374	-0. 27582	-0. 01719	50	100	80	100	80	80	80	50	50	50	50	50	80	80	73. 7	7	7. 59
157	-0. 56542	0. 8461417	-0. 87873	-0. 09655	80	80	50	50	80	80	50	50	50	50	20	100	100	50	70. 24	7	10. 29
158	-0. 46112	-1. 343509	1. 580387	-0. 45707	100	100	80	80	80	80	100	80	80	100	50	80	80	80	85. 6	8	6. 09
159	1. 696272	1. 4692745	1. 79722	1. 629012	100	100	100	100	80	100	100	100	80	100	50	80	80	100	93. 81	9	4. 83
160	-0. 74251	2. 1717059	-0. 28011	0. 404075	100	80	80	80	80	80	50	50	20	20	50	20	80	80	69. 78	6	8. 55
161	-0. 32369	1. 2475761	-0. 6199	0. 206691	80	80	80	80	80	80	50	100	20	20	20	50	50	50	67. 99	6	8. 55
162	-0. 24248	0. 607852	-0. 52413	0. 02501	100	80	50	80	80	50	80	50	100	20	50	20	50	50	63. 54	6	8. 55
163	0. 171215	1. 6477848	0. 552563	0. 775842	80	80	80	80	100	80	50	80	80	50	50	50	80	50	74. 41	7	7. 8

后　记

本书根据教育部人文社会科学研究项目《地方性银行关系型信贷“关系”价值度量与扩散路径研究》（编号：11YJC790166）和浙江省哲学社会科学规划项目《小额信贷机制创新与模式推广研究》（编号：10CGYD46YB）的研究大纲要求，在我的博士学位论文研究的基础上，经过进一步的修改、数据整理与内容充实而成。本书立足关系型信贷的“关系”这一视角，对“关系”的内涵、本质、价值及其度量、应用、扩散路径等进行全面的分析。

我对关系融资的关注已有十余年。2003 年毕业于厦门大学金融学专业的硕士学位论文就是研究商业银行的“中间层”关系营销的。2005 年的一篇发表于《浙江社会科学》的文章中，从关系融资角度提出要构建民间借贷登记中心，这在 2012 年开始的温州综合金融改革中得以佐证。2007 年开始，我分别接受浙江省内的湖州银行、金华银行、台州银行、嘉兴银行等的委托，就相关问题进行研究，这些研究基本上都没有离开关系融资与社区银行发展的大议题。一系列的研究进一步加强了我对关系融资的兴趣感，在 2010 年浙江省哲学社会科学规划项目和 2011 年教育部人文社会科学研究项目申报中，我都选择了与之相关的论题，均得以立项，其中对关系融资的全面、深入研究主要得益于我在中央财经大学的博士学位攻读经历。

为能提升自己审视研究问题的高度、宽度与深度，我于 2008 年踏入中央财经大学神圣的校园，如愿地投入我最敬重和喜爱的李健教授门下，开始了我的博士研究生学习生涯，这是继 2003 年硕士研究生毕业后有幸再一次系统地学习。在中央财经大学，在“为人、为学、为事”方面都是我终生奋斗榜样的李健老师的悉心指导下，在李老师和其先生王广谦老师共同构建起的开放、融合的文化家园里，我和师门的博士后、博士和硕士研究生们一起探讨学术、交流生活，建立起纯洁、深厚的友谊。我聆听老师的教诲，感受师门的温暖，一步步地完成课程学习、项目研究和学位论文答辩。2009 年 4 月，在李老师的安排下，我带着 6 个师弟、师妹再一次来到台州银行，进行为期一周的调研。这次调研让我有机会更真切地感受地方性银行的社会经济与文化背景，更深层地分析关系融资的本质与演化规律，也更坚定了我持续研究关系融资的信心。

系列研究最终出版成专著，在本书出版之际，此处也无法用更合适的语言来表达对李健老师的谢意！在我对关系融资的持续研究中，人民大学的张杰教授、对外经贸大学的吴军教授、中国社会科学院的何德旭教授、中央财经大学的张碧琼教授等，给了我许多创新性的指导。我的大师姐贾玉革、马建春，博士后师兄李建军、范祚军、段进等，以及师兄弟张浩、李克川、杨艺等，都提供了许多思想的火花和无私的技术指导。感谢我的工作单位——浙江金融职业学院。这是一所有着深厚金融文化积淀和优质专业人才培养机制的高等职业院校，也是浙江金融界的“黄埔军校”。特别感谢学校的灵魂人物——党委书记周建松教授，是他把我推荐给李健老师，也是他带领着我、教导着我，不断地促使我的成长，并植入我心中一个行动的标杆。另外，学院的副校长吴胜教授，给了我许多不经意间却感受到最为细微和无私的关怀的温暖。以及感谢学院的其他领导、同仁和我曾经所在的科研师资处与现在所在的投资与保险系的全体成员们。

在本项目的持续研究中，既有一年时间在北京脱产学习，又经常出差调研，在家也就是负责吃饭，然后就关在书房里整理资料和写作。感谢我的夫人余侠对我的支持，感谢我可爱的儿子陶亦奇所带来的快乐，特别是要感谢岳母对家庭的无私投入，以及我的父母对我的理解与支持。

陶永诚

2013 年 11 月 29 日